我把人生当喜剧

徐风暴（Storm Xu） 著

重庆出版集团 重庆出版社

图书在版编目(CIP)数据

我把人生当喜剧/徐风暴著. —— 重庆:重庆出版社,2020.11
ISBN 978-7-229-15327-4

I.①我… II.①徐… III.①徐风暴–传记 IV.①K825.78

中国版本图书馆CIP数据核字(2020)第193590号

我把人生当喜剧

徐风暴 著

策　　划：华章同人
出版监制：徐宪江
策划编辑：朱　姝
责任编辑：秦　琥
特约编辑：王晓芹
责任印制：杨　宁
营销编辑：史青苗　黄聪慧　唐晨雨
封面设计：舆書工作室

出　　版：重庆出版集团　重庆出版社
（重庆市南岸区南滨路162号1幢）
发　　行：重庆出版集团图书发行有限公司
印　　刷：三河市中晟雅豪印务有限公司
邮购电话：010-85869375/76/77转810

重庆出版社天猫旗舰店
cqcbs.tmall.com

全国新华书店经销

开　本：787mm×1092mm　1/32　印　张：9　字　数：112千
版　次：2020年11月第1版　　　　印　次：2020年11月第1次印刷
定　价：48.00元

如有印装质量问题，请致电023-61520678
版权所有，侵权必究
投稿邮箱：bjhztr@vip.163.com

代序

青年女演员　范湉湉

收到 Storm 的邀请，给他的新书写一篇序言，我是倍感意外的，意外是双重的，一是他会有耐心写书，二是他会想到我——一个自己的书签了 7 年也没有写出两行字的人。于是乎，我在旅途中打开文件细细品读，随即就"咯咯咯"地笑出了声，读他的文字，就好像他本人坐在你身旁，和你述说他的童年往事那样直截了当，正如他的喜剧风格一样幽默、随性、自然。

说到他的喜剧风格，让我印象最深刻的就是他不刻意、不硬给、不妥协,一个来自上海大杨浦地区的不羁的男子,穿着刚从床上爬起来还没来得及换的旧T恤,没有洗漱就骑着小电驴赶去说脱口秀的样子。每每在台上,他都要自嘲式地调侃一下自己的出身,让自己和大杨浦紧紧地拥抱在一起:那些弄堂里的邻居,糊里糊涂的爸爸,可爱的妈妈、小姨,仿佛就在我们的童年往事里真实而鲜活地出现过一样,这都是他的创作源泉。我明白,他爱着杨浦,爱着上海,是上海的儿子!

我也同样爱着上海。一个偶然的机会,我看到了他的上海话脱口秀,让我笑到半夜抽筋,于是我从他的网友变成了线下看他演出的朋友,我们时不时会交流一下上海话表演的心得体会,和对脱口秀的分享、对幽默的理解。我对这门似乎正在逐渐消失的方言也有着无限的眷恋。乡音的亲切和意义,想必只有离开过的人才能明白,但在世界的各个角落,还被各行各业的青年人默默地攥在手心里,守护着不忍其逝去。

听他的节目总会让我感觉更亲切，我也介绍了一些沪语的说唱歌手给他，希望大家都能找到知音！

知音难觅。脱口秀现在大火了，但我感觉到他并没有太多的情绪变化，他的风格也没什么改变。一个小众行业被更多的人看到，就意味着会伴随大量的讨论，变革和各种外行、内行的激辩，以及应运而生的脱口秀明星们，就如当初的辩论和说唱一样面临挑战。我不知道在这场变革之中，徐风暴会有什么样的应对和表现。也许买下这本书，看到这里的朋友，可以好好地翻看下去，了解一下他的故事。

一个语言工作者，是有使命感的，他们在舞台上表达自己的观点、笑料，洒脱地层层剥开自己的内心，把自己的故事——无论好的、坏的、朋友的、家人的——都变成段子讲述给台下的你听，你有欢笑，也会流泪。那种快乐有多极致，可能只有站在台上的人才知道，我是感同身受的。一束追光、一把椅子、一个麦克风，看似简单实则冷暖自知。大家都知道喜剧的内核一定是悲剧，这也是我一直没有办法做一个纯粹的喜剧演员的原因，我只想做一个普通的演员，我怕我承担不起那份忧伤，所以我尊敬所有在喜剧行业里为大家带来欢笑的了不起的人儿们！我不懂什么专业技巧，也没有资格点评任何人，但真诚总是不会出错的。我在台下看到的徐风暴，虽然嬉笑怒骂皆成段子，但他对待脱口秀、对待喜剧是真诚的！

最后说一件事情，我问过他为什么没有参加《脱口秀大会》，他说没有人找他。有一次喝酒遇到李诞，我向他推荐徐风暴这个脱口秀人才，结果李诞说，找过徐风暴，但他有自己的理由，不愿意去。

我想这大概就是真实的 Storm 吧，他的故事很多嘛！

2020.10.24 于广州

序言
风暴划过棚户区

我是在上海杨浦区定海街道一带长大的80后小伙，我第一次觉得自己有幽默感是在小学的时候，但我从来没有在单口喜剧表演中讲过，因为我觉得用文字写下来才比较好玩。

我印象中的一件事就能够诠释我这个人的性格，大概是在小学二三年级，那时我是皮大王，嘴很毒，属于那种很善于惹老师和同学生气的人。当时我们班有个同学，他也很调皮，名字就暂时不公布了，我记得最典型的事件，是我们一起去杭州旅游时发生的。小孩子天性都是调皮的，小时候你看哪个小孩很乖，静静地坐在那里？还真有，我们班另外一个男同学，我也先不说他的名字了，我认识的人中，唯有他真的和别人都不一样，他小学的时候就很安静。我也不知道他是故意装成熟还是怎么样，他会一个人静静地坐在湖边（其实只是个池塘），托着下巴，课间十分钟他就这么望着池塘发呆，女生特别仰慕他。他是我见过的从小就会撩妹的人，不用说话的那种。

继续讲回我们班另外那个调皮的小孩。我们一起去杭州，住在一个宾馆，他头一次住宾馆，很兴奋，事实上在那个年代，能去杭州玩，大家都欣喜若狂。

我和其他几个小孩在他房间里玩，然后他说，他要爬出去。调皮的小孩总是不走寻常路，到哪里都喜欢爬，是的，我记得他是爬出去的。

门窗是紧闭的，他把窗子打开，准备爬出去。外面有一块往外延伸的平台，他就相当于踩在一楼的顶上。他很兴奋地和我们打招呼、挥手，万万没想到，那个地方是空的。

他可能没有看到吧，一脚伸出去，然后，没有然后了……

他头朝下摔了下去，随后，老师、同学、各处的负责人都来了，把他送到了医院。

这件事便暂时告一段落了。

我们一直觉得这个同学可能会面临生死未卜的情况，但半年后，他又出现了。那时我们升到了三年级，突然有一天，他就出现了！他还是那个人，但我们又隐约能感觉到他有了一些变化。很明显的是，他头上绑着绷带，戴了一个帽子，那种很奇怪的、一半镂空的帽子。他的长相和谈吐也发生了一点变化，讲话的声音也比以前刺耳了。

据同学们说，他从房顶上摔下时头着地，虽然没有生命危险，但代价也蛮大的。他头上包了纱布，是因为做了开颅手术，才保住命，听起来很玄乎。

接着，我搞笑（嘴贱）的事情来了。过了几个星期，有一次我们上英语课，学到一个单词：together，我听到这个单词就笑死了，一直在笑，歇斯底里地笑。老师叫我不要笑了，我还是忍不住笑给旁边的同学看。

下课之后，我告诉旁边同学：together 这个词听起来像不像"秃盖的"？和那位摔下房顶的同学像不像？

从此之后，那位同学便有了一个绰号——together，同学们这样叫了他一年多，这个事情带来的好处是，我们年级没有一个人会拼错 together 这个单词，对三年级的学生来说，这个单词不算容易。

这算不算是我对我们学校做出的一个小贡献？

当然，小聪明肯定会被惩罚的，到四年级的时候，我们班主任老师听到这个绰号后忍无可忍，把我抓到他的办公室进行批评，校长还在全校师生面前点名，指责我耍小聪明、抖机灵，还通知了我爸妈。但我爸妈都不懂英文，完全不明白校长在说什么，回家后也没有拿我怎么样,因为从头到尾他们都不知道我错在哪里。

我想给大家更详细地介绍一下我自己,我从小到大成长的区域是上海市杨浦区定海街道,我们那里不叫贫民窟,而是叫棚户区,每家每户的房子都很破、很烂,都是过去几十年间自己建的。我家房子和对面的房子的间距,只是一条差不多一米宽的弄堂,稍微胖点的人恐怕都走不过去。

以前我们那里还有个特点,就是大家都看不起读书的人。在我们那里,有文化仿佛是一件羞耻的事情,他们会嘲笑你。并且,大家都特别喜欢夸张地讲话,还喜欢给人取绰号。我家门口有个叔叔,身高1.75米,他的绰号叫"长脚"(高个子的意思)。

在我们那里,如果谁家的孩子考上了高中,大家就会对他的父母说:"你儿子怎么这么聪明的,能考上高中呀。"如果孩子读的是职校、技校,大家也会说:"不错哟,你儿子还能继续深造。"如果你考上了大学,那就是不得了的事情,不得了到什么程度呢?这可以从他们称赞(讥讽)你的语气中听出来,就像我之前说的,他们看不起有知识的。

只要你考上了大专,或者是任何高等院校,不管是复旦大学,还是上海经贸管理学院,你的绰号就变成了"大学生"。以前绰号是"小黑皮""嘎亮(戴眼镜的人)"的人,现在都被叫作"大学生"。

他们跟你的对话中会有一种很酸的感觉:"大学生,你快来讲一下,最近全球气候变暖,你觉得该怎么解决?"

那时候的人们似乎觉得大学生理应懂得世界上所有的事情,你若不懂,怎配得上叫"大学生"?

在我们那里,父母的教育方式也很粗放,他们都相信一句话——棍棒底下出孝子,所以我们那条街是有名的"孝子街"。

学校里的老师有时也会打学生,这都不算事,80

后都遭遇过对不对（没有共鸣的，你是被打失忆了吗）？

那时候，不仅老师打学生，最夸张的是，家长还让老师打自己的孩子。我妈就是这样，开家长会时，她说："老师，我这孩子表现不好你就替我打，替我打哦。"

其他家长就不开心了："哎，老师，我们也付了学费，干吗只打她家孩子，我们的也要打的哦，老师。"

在我们棚户区，家家户户都挨得很近，砖墙很薄，邻居间干什么事情大家都知道。我爸比较没文化，那时候我在家总被他打，他打我从来不是看我的成绩如何，而是看他那天打麻将有没有赢钱。

有一次，我爸一边打我一边反复地说："小东西，叫你就考70分，害爸爸输了70块钱，叫你就考70分……"

隔壁的父母本来在吃饭，一听："哇，考70分也应该打？"然后，我可怜的邻居狗子，也受了一顿皮肉之苦。

虽然我小时候确实做过很多出格的事情,经常让家长和老师生气,但我个人是比较反对打骂教育的。有一次,我试图投诉我们老师。通常大家投诉的方式是,打电话给教育局,说老师经常把体育课换成语文课,每天拖堂到七点才放学。这样,教育局虽然会同情你,但不会做什么,因为每个学校都差不多。但我不一样,我逆向思维,反过来投诉:"我们老师经常把语文课换成体育课,每天下午一点半就放学。"教育局的人会想:"天哪,这应该重视一下。"

但有时我挨打也不是因为自己,比如有一次我和我爸在吃饭,听到隔壁的父母在打孩子:"小赤佬,英语成绩全班倒数第二,倒数第二!你说说,谁还会比你更差?"

我的邻居狗子,终于等到报复的机会了,他大声喊:"徐风暴!"

冤冤相报何时了!

好家伙,敢出卖我!我已经做好被打的准备了,没想到我爸喊回去："不打咯，今天麻将赢钱咯。"

我爸就是这样，很乐观、幽默的一个人，他给我讲过很多笑话，我现在还能记住的已经不多了，但我记得的是，我爸的笑点与众不同——他的笑点很奇怪。虽然他讲的笑话很幽默，可他自己不笑，能让他笑的反而是一些很奇怪，甚至是悲惨的事情。

他并不是个坏人，我印象中从小到大看到我爸笑得最开心的一次，是有一次我们看社会新闻。一个人爬到楼上要往下跳，下面有警察在劝。我爸很认真地看。警察劝了半天，那个人最终还是跳下来了，画面太惨，新闻里没有播放。

但我爸却笑了："这个人，怎么这么受不了压力呢！"

这就是我从小生活的家庭和环境，他们有不一样的笑点和观点，幽默的方式也不一样，但这并不妨碍我成长为现在的我。

下面，我想把我们那一代人的故事讲给你听。

代序 / I

序言
风暴划过棚户区 / V

第 1 章
我有一个家 / 1
没有什么事是抽一根解决不了的 / 2
阿拉上海人 / 6
两个外地人结婚,怎么可能幸福 / 10
我是孝顺给你看的 / 14
男人哭吧哭吧不是罪 / 18
都市的不朽传说 / 24

论白眼狼的几种分类 / 27

第 2 章
我有个学校想讲给你听 / 31

别笑,我的英语真是体育老师教的 / 32

You too! / 35

被拗分?真不新鲜! / 38

看到班长,帮我给她 / 43

大侠汪老师 / 50

模范与奇葩,一个也不能少 / 56

"我是天才"樱木花道 / 60

读大学是很高的表扬 / 64

自从买了学区房,唐诗三百首倒背如流 / 66

男孩女孩不一样 / 68

第 3 章
过去的过不去的都是青春 / 75

感情的追逐就是一场兵法 / 76

人间童话与母胎 solo / 79

我怕她们被我的才华感动 / 83

魔镜魔镜，谁是世界上最帅的男人 / 86

你以为，我以为 / 89

十六岁的花季 / 91

恋爱也需要指导 / 96

生命中，有些人恰不逢时 / 98

那些年，犯过的傻 / 101

第 4 章
我是一个社会人 / 105

工作改变人生 / 106

骨感的不只有现实，还有梦想 / 109

两千块，够吃一辈子了吧？！ / 113

梦想还是要有的，也许一不小心就实现了呢 / 116

史上第一短梦 / 119

澳大利亚的"蓝翔" / 124

你好，Storm！ / 129

像苏格拉底一样发现未知 / 137

淌着鼻血飞去万里之外 / 140

第 5 章
万万没想到你是这样的澳洲 / 145

亚洲人在澳洲 / 146

我的第一个国际家庭 / 150

孤单感和新朋友 / 153

在异乡,靠老乡? / 158

突然好想你 / 162

我躲在三万英尺的云底 / 168

第 6 章
退散吧,杯具! / 171

帮厨最好一米七八 / 172

骄傲的有车族 / 175

我是个不快乐的清洁工 / 177

码头工人也疯狂 / 179

老板虐我千百遍,我待老板如初恋 / 181

你就像是我的女朋友 / 183

我大概是洲际代表 / 186

幸福就是有人一起留下来 / 189

我们不怕过错,但怕错过 / 193

第 7 章
这个世界应该充满想象力 / 205

我的心蠢蠢欲动 / 206
我只有自己的处女秀 / 208
表演需要千百次的打磨 / 213
我真的无须例外 / 217
笑话和出格是一对双胞胎 / 219
其实,我是一个质检员 / 221
又见面了,澳洲 / 224
第四个目标 / 230
理解,真是个奇妙的词 / 238
第一次个人专场 / 241
把我的糗事说给你听 / 246
高光时刻 / 249

后记
私家喜剧课:吐槽也要言之有物 / 257

第1章
我有一个家

中国人很有趣，不管走到世界哪里，碰到金发碧眼的外国人，都叫人老外。这就像我爸爸到了四川，说满大街都是外地人一样。

我有个远房亲戚，他有次问我在澳洲留学怎么样，我说还行，然后描述了一下墨尔本的生活，他就笑着点头："对，当地的老外生活还是不错的。"

> 我有一个家,父亲、母亲和我,他们
> 时常打击我,却给我很多爱。

没有什么事是抽一根解决不了的

真正对我的人格进行塑造的,应该就是我的父母了,更准确地说,是我爸——他们是我喜剧生涯的第一座灯塔。就像在这次疫情期间,我时常一边构思、创作这本书,一边和我爸打电话抱怨说:"没劲,没劲,天天都被锁在家里。"我爸呢,一边开导我说,他们那年代物质更贫乏,更没意思,孩子们每天只有赶羊、骑牛玩,而现在的我们有了手机、电脑,应该更加知足才对。

另一边,他却在悄悄地准备着惊喜。有一天,他敲开了我的门,从兜里拿出了两包中华烟,递给我:"学抽烟吧,学会了就不无聊了。对了,这是限量版中华烟,150元一包。"

"爸,你怎么这样,我早就会抽烟了。"

我其实不怎么抽烟,说实话,偶尔抽烟也会被我妈逮住,她就会骂我——

"为什么抽烟?"

"我爸能抽,我为什么不能抽?"

"你爸那么多好的你不学,干吗学坏的?"

"好在哪里?"

我原本以为我妈会被我急中生智的反应弄得手足无措,谁知她却很淡定地说:"你爸好在有我这个老婆啊!"

——一段特别腻歪的秀恩爱。

我爸可能算是一个真正的老烟枪了。他今年63岁,烟龄就有55年,我估摸着他的两个肺已经像烟草包装上的图片了,左边是大前门,右边是牡丹。他现在年纪大了,我们全家都很担心他的健康,每次他抽烟,我妈都会说:"老头子,怎么又抽烟了?!"

"儿子能抽我为什么不能抽?"

我爸应该是听到我和我妈的对话了,好一招先下手为强!

"儿子那么多好的你不学,干吗学坏的?"

"好在哪里?"

他们这么一来二去,针锋相对之后,竟然在这里卡壳了。

我妈只能吞吞吐吐地说:"儿子说脱口秀,讲讲你的缺点还是蛮好笑的。"

其实我偷偷抽烟并不完全是模仿我爸。小时候我看了很多影视剧,影视剧里抽烟的人就很酷。也不是所有的正面人物都抽烟,但他们一抽烟好像就像被智慧女神雅典娜亲吻了一样,舌灿莲花,思如泉涌。我印象最深的就是小时候看的两个角色,一个是孙红雷饰演的刘华强,一个是李幼斌饰演的李云龙。这两个角色性格不同,所处的历史背景也不同,相似点就是俩人一抽烟,都特别有型。用80后的话说,就是酷毙了,帅呆了。你想啊,李云龙,七尺大汉,和日本鬼子作战,由于敌众我寡,或者敌人太狡猾,他常常一边思考作战方案,一边喃喃自语:山本这个狗娘养的,死守平安县城,我该怎么办呢?这时,他慢慢掏出一根烟,旁边的二营长,或者三连长见状,立刻给他点上,烟雾缭绕中,李云龙的大脑就飞速运转起来了:对,用他娘的意大利炮!山本想了很多龌龊的办法对付李云龙,比如偷袭大本营、绑架他老婆等,最后却都失败了。怕是他千算万算,也算不到李将军的灵感来源是香烟。

  有一次,我和我爸讨论抽烟,他说现在的年轻人爱抽什么电子烟,看上去似乎更加文雅,没有火苗更加安全,但它本质上还是烟,还是会令人上瘾,并且气势上弱太多了。想象一下,电影里,大哥带着小弟,烟头一掐:"兄弟们,给我上!"这个经典桥段在电影里很常见吧？但如果你抽电子烟，会怎么样——大哥把烟嘴举起，和兄弟们说："谁有 USB 线，我没电了。"不得不说，我爸对于年轻人的观察真是细致入微，还融入了自己的思考与见解。

阿拉上海人

如果让一个外人来评价我爸，他们会说我爸是一个典型的上海老头，我爸似乎有着他们所认为的所有上海中老年人都会有的特点，但我觉得这种说法是不公平的，如果他生活了一辈子的城市都不能对他的性格塑造有影响，那似乎也不太合理。"前浪"虽然没有那么多元化的生活，没有那么多选择的权利，但活得也算坦然，不会整天为自己的社会身份担忧，也不会为别人的闲言碎语苦恼。你认为我是一个上海小市民，那又怎么样，这就是我活着的样子。

说起上海老年人，很多人都会觉得，他们比较排外、小气、不友好。其实这是一种片面地把人群脸谱化的说法，每个地方都有这种类型的老人，只不过上海的老人承受的非议可能会比较多。因为经济已经比较发达了，来点贻人口实的事，又会怎么样？无伤大雅罢了！

我也需要花一些篇幅来解释一下，我所观察到的以我爸为代表的上海老年人的那些小缺点。如果把"排外"换成"对自己家乡的自豪感"，可能会更加顺耳，而且他们出生的时代，确实比较闭塞，他们不会经常碰见其他地方的人，所以会有地方保护主义，会认为别人都不如自己。其实不仅上海人如此，很多国家、地区的种族歧视，各种狭隘主义的形成，往往和当地人民缺乏见识分不开。我要为我爸辩护的是，他不是那种粗鲁、蛮不讲理、以伤害别人为目的的排外，他的排外往往带着一点可爱，原始而又不做作。

举个例子吧，退休后，我爸爱上了旅游，来弥补他年轻时候的遗憾，但他每次出门，都会发出些惊人之语。

有一次,他和一群老朋友去成都旅游。他们的特点是每去一个新的城市,基本只去几个大家都会去的景点,然后拍几张照片放在老同学的群里,但这个群里的成员,其实都是这次同去旅行的老同学,至于还有没有必要往这个群里发照片这个令人疑惑的问题,他们是不考虑的。他们旅行的第二大特点就是没日没夜地打麻将,我发信息问他:"觉得成都怎么样啊?别老是躲在房间里,多出去逛逛。"他的回复既简练又风趣:"成都这个地方总体蛮没劲的,天那么热,而且外地人太多了。我们天天吃外地菜、听外地话,还不如在房间里打麻将呢。"

听到这里你们可能已经笑出来了,你们很难想象我当时的表情,他的回复不但丰富了我的素材,而且让我有和他顶嘴的欲望,我就继续回复:"爸,不对的啊,你在成都,他们不是外地人,你才是好不好。"千算万算没算到,他早就有了应对的话:"什么?我是(外地人）？儿子我警告你，不要哈刚八刚（上海话，胡说八道的意思），阿拉上海人永远不可能是外地人的。"

听完了，我只能笑，只能接受他的论调。这就是我的父亲，这就是他们那一代上海人啊！

他们还有一个明显的特点：看任何报纸、电视、杂志，都特别容易兴奋，特别容易被调动情绪，甚至可以用手舞足蹈来形容。我第一次发现我爸有这个特点，是在很多年前，当时我们家必看的一个节目是《体育新闻》，应该也是从那时起，耳濡目染之下，我也开始热爱运动。那时候姚明在 NBA 披荆斩棘，一个黄种人在黑人主导的运动项目里获得好成绩，那真是特别令人骄傲。刘翔也是。他们打破了人们对上海人的偏见和刻板印象。我爸会边看新闻边自豪地说："你瞧瞧，上海的运动员，跑得就是快，跳得就是高，只有上海人能在这种国际舞台崭露头角，其他人都不行。"的确，我爸说得有条有理，令人无法反驳。

两个外地人结婚,怎么可能幸福

我爸不仅觉得上海人在运动方面特别出色,让他特别自豪,他还觉得上海的文化也是领先全国的。他一直认为海派文化才是精英文化,是所有人都应该争相效仿的。但事实上,在全国的娱乐节目中,包括中国最大的一场晚会——春晚——的舞台上,北方文化一直占据着主要地位。而我爸和我自始至终都觉得,在这些文化中,南方人都是被抹黑的形象。比如出现一个南方男人,一定是为了一点鸡毛蒜皮的小事和人斤斤计较;而女人,尤其江浙沪的女人,则显得心眼多、爱吵架,文化底蕴不够。当然我们不能否认有这样的一部分人符合这样的形象,但并不是所有的南方人都是这样的。

而这一切开始改变的契机,便是在20世纪末到21世纪初,周立波和韩寒风靡全国的时候,海派文化慢慢有了好名声,开始被人接受。因为周立波,有人开始学说上海话，爱上上海，爱上上海人。我爸这时候才有底气指着电视说："你看，你看，我们上海人就是好，其他地方的人，不得不佩服。"

事实的确如此，在他们事业巅峰的时候，他们身上寄托了很多人的海派情愫，我们都因他们而自豪。

可惜，周立波遭遇事业滑铁卢，于是，我就故意和我爸调侃一下："爸爸，你看，他口碑不行了哎！"

我爸一拍桌子："就是犯错，也是我们上海人厉害！我们上海人'耍流氓'也是第一！"

然后他就给我普及了一连串上海的"流氓大亨"的故事，从黄金荣讲到杜月笙，再讲到我和小伙们小时候在定海街道玩闹的往事。他说，电视剧《征服》里的刘华强都不算什么，上海人才是最好的。

他的观点也不算是偏激的，毕竟每个中国人都会觉得以姚明、刘翔、韩寒为代表的上海人非常厉害。

当然，我也不是任何时候都能理解我爸，偶尔，我也会对他的立场产生怀疑。

几年前(2015年10月)的一天,我们全家都在吃饭,电视里的娱乐新闻正在播放 Angelababy（杨颖）和黄晓明的世纪婚礼。我记得很清楚,那场婚礼真的是声势浩大,半个娱乐圈的明星都到场了,而他们举办婚礼的地方,是位于延安路的上海展览中心,一座传承了几十年的非常有特色的大厦,恢宏、气派,经常被用来举办各种国际大型展览。

Angelababy 出生在上海,小学之后移居香港,但她的家人和朋友,应该还有很多依然生活在上海。黄晓明也说,在展览中心举办婚礼,是 Angelababy 从小的公主梦。

当摄像机镜头缓缓划过,车里的他们笑得很甜蜜,直升机也把这座见证了上海沧桑变化的古色古香的建筑拍得很华美。我爸看到这里,说:"我们上海的小夫妻就是幸福,全国幸福指数最高的（小夫妻）就是上海的,能在这里举办婚礼,真是太幸福了。"

这时候我又出来当了坏人:"爸,他们不是上海人啦,黄晓明是山东人,Angelababy严格说来是香港居民,他们选择在上海结婚,那是为了满足老一辈的情怀,也是老人的愿望,他们俩不算上海小夫妻的。"

还不等我摆事实讲道理,我爸就按捺不住了:"怎么能这么说?他们在上海结婚,就是新上海人,他们的目的,就是拿上海户口,在上海买房子。"

"爸,你不知道,人家两个,是文艺界的大咖了,在哪里买房子都是买得起的,也是很容易实现的。在这里结婚也是因为这里的朋友比较多,大家过来也比较方便。虽然我们是真心为他们祝福,但他们真不算上海人。"

我爸仿佛真的被我的话惊到了,他低下头,看着地,像是被打击了,正当我想着是不是应该安慰他的时候,他却忽然抬起头:"哦,原来他们不算上海小夫妻啊,啊哟,那他们这个婚姻不可能幸福的,两个外地人结婚,怎么可能幸福嘛!"

最终,我们谁也不能说服谁,他有他坚信的理论,而这些理论包围着他，我的意见动摇不了他。

这就是我的父亲，一个固执得让人好笑的老头，偶尔不通情理，偶尔可爱。

我是孝顺给你看的

我爸对我影响至深的，还有他总是积极乐观面对事情的态度。他出生的年代，物质非常匮乏，吃不饱是常事，而在我出生后的30年中，他下过岗、创过业，有过小成绩，也经历过失败，但我从来没有见过他哭，也没有见过他喜极而泣。在他的观念里，男人不能有太多情绪，爱哭爱闹的男人太不稳重，成熟的男人就是要喜怒不形于色，泰山崩于前而色不变。

有这个想法的应该不止我爸一个人，很多老一辈的人都会这样觉得，他们认为我们80后不够硬气。如果说老一辈的人是"前浪"，00后是"后浪"，那我们真的是名副其实的"中浪"。

我们比"前浪"更善于表达情绪，却又达不到"后浪"能把自己的喜怒哀乐拍出来供人欣赏的程度，而这，也常常是我爸教训我的理由。

我爸是个孝子，在我奶奶生病的几年中，他是花最多时间照顾奶奶的人。我奶奶一生有七个子女，孙子孙女更是不少，但在她生命最后十年里，她患上了阿尔茨海默病，几乎不认识几个人了，偶尔能记得一两个儿子，或者一两个孙子。我爸也不管奶奶是否记得他，只是默默地背着我奶奶上楼下楼，去检查，去养老院，去急救……

我奶奶的去世，是我一辈子都不会忘却的记忆，因为到目前为止，那是我第一次真正面对死亡，第一次看到一个人慢慢停止呼吸，这件事对我的震动，不可谓不大。

在这天之前，奶奶已经昏迷了一个月，医生对我的姑姑和爸爸说，奶奶已经到了弥留之际，随时都有可能离去，要我们做好心理准备，同时要把证件、衣服等都准备好，免得仓促之下，不能很好地送走奶奶。所以，当我在玻璃窗外看着仪器上奶奶的心跳从微弱的波动，慢慢变成一条直线的时候，爸爸却正好在外面忙着安排奶奶的身后事。

他没能亲眼看到他的母亲慢慢冰冷，渐渐萎缩。是的，我仿佛能清晰地感觉到奶奶停止呼吸之后，整个人也缩小了，这大概就是生命的神奇之处，随着呼吸的停止，有些东西好像也从身体里剥离了，让人变得干枯。

我那时候还小，不太理解亲人离去的沉重，不像现在，经历过太多生活的变故之后，能意识到亲人离去的意义。当然我也是悲伤的，但肯定不如我爸悲伤。然而他一直没有哭，只对我说了一句："年纪大了，总归都要走的。"

奶奶离开的时候，大概有九十岁，加上久病，所以亲人们都有了心理预期，没有崩溃式的哭泣。我爸更是这样，他看起来像是没有情绪，板着脸，默默操办奶奶的后事。后来在整理奶奶遗物的时候，我问我爸："爸，你看，你对奶奶挺好的，但她也没有给你留下什么，就一个小小破破的房子，还是七个孩子共有，你觉得孝顺的意义在哪里？"

这一次，我爸的回答一反以往的搞笑风格，反而有点感人，他说："其实我是有私心的，我是孝顺给你看的。让你知道，我们国家的孝文化是可以传承下去的，等将来我老了，需要有人照顾的时候，我希望你也能背着我去晒太阳，去看病，陪我说话，不论我还记不记得你。"

我觉得他说的很有道理。

这一刻我觉得我爸特别伟大，奶奶七十多岁开始心脏就不好，我爸就开始背着奶奶做很多事，在他的观念里，儿子尽孝是天经地义的，这已经不是爱不爱母亲这个简单的问题，这是一种本能。他就是这样的人，不需要夸张的情绪辅助，却始终贯彻孝道。

他的行为，也时常让我反思，是不是有太多夸张情绪的人，反倒不容易脚踏实地去做太多实事？

男人哭吧哭吧不是罪

父母那一代人大都是不赞成轻易表露情绪的，不仅我父亲如此，我的母亲也是。比如，他们都会告诫我，出门在外，一定要稳重一点，尤其是和女孩子在一起的时候，千万不要嬉皮塌脸（上海话，嬉皮笑脸的意思）。

我小时候比较淘气，无论在课上还是课下，都喜欢讲笑话，老师们对此颇有微词。大概在大家的认知里，只有泰山崩于前而色不变的人，才可能成为成功人士。什么是泰山崩于前而色不变？我的理解就是面瘫脸，不苟言笑，喜怒不形于色。我觉得，这是很多成功人士的"架子"，不论他是真成功还是假成功，架子是要有的。

中国人，尤其是中国男人，从小便被大人依照这样的成功标准进行教育，所以有的人，忽然听到自己升职的消息,他也可能不笑,或者说不敢笑,只会在心里暗暗高兴一下。再比如,还有一些考上了清华、北大的天之骄子,我们也没听说过谁会仰天大笑的,相反,如果有人采访他们,问他们有什么想说的,大概会得到这样的回答——"哦,没有发挥好"。多谦虚!但没办法,我们一直接受的教育就是这样的,谦虚是美德。我们习惯性地压抑自己的情绪,只有那些本来以为自己可能连专科都考不上,却忽然收到了大学录取通知书的人,才会开心地大喊大叫。

加工资,不笑;考进清华,不笑;离婚了,这个或许可以笑一下。

当然,这只是讲个笑话,但中国男人真的很内敛,他们可能只有在KTV与朋友一起吼着青春旋律的时候,或者是在酒桌上推杯换盏的时候,才会开怀大笑。中国男人能释放情绪的地方太少了,所以,他们压抑,他们严肃。

我做脱口秀表演的时候,会观察台下的观众,也能看出一些不一样的特点。比如，女性观众会在听了有趣的段子后笑得前仰后合，声音清脆。而大多数男性，则是双手抱胸，不仅不笑，还会打击身旁的女伴："这有什么好笑的，网上都有的段子。"

他们多少代表了中国大多数男性的行为：20岁的，双手抱胸，憋着笑；30岁的，双手抱胸，憋着笑；40岁的，双手抱胸，还是憋着笑……憋着憋着，情绪就变成了身体里的疾病，这可能也是女性的寿命普遍比男性长的原因之一吧。

当然也有其他生理原因，但男性更容易压抑情绪，也是有一定影响的。

所以我们男性也要向女性学习，多笑、多哭、多表达。

我爸也经常教育我，男儿有泪不轻弹，他虽然不知道这句话是谁第一个提出来的，但不妨碍他用这个来教育我。但好在，上有政策下有对策，当你真的觉得难受的时候，不要想着"男儿有泪不轻弹"，想一想刘德华的歌"男人哭吧哭吧不是罪"。说起来这首歌真的是解放了很多男人,在这之前,男人把憋住伤心泪奉若圭臬,终于有一天,有个知名人士告诉我们,男人也是可以哭的,不是罪啊。

但总体来说,男人哭,还是会给人一种软弱的感觉,这是我们所接受的根深蒂固的教育,不会那么快转变的。

而我却辜负了我爸的教育,我是个情绪容易波动的人,我会躲在家里哭。我最近一次哭,是因为感情问题。那天我躲在房间里,听着伤心的情歌,想着这些年的感情经历,不知不觉竟然流泪了。这时候恰巧我爸打开门,给我送牛奶。如果你想着我爸会安慰我,那真是大错特错了,他不仅不安慰我,还来打击我:"哎哟,打扰了,你在哭啊,挺帅的嘛!为什么哭?"

我抽泣着说:"就是想起了自己的感情,想到了过去,歌曲的气氛又刚好,所以就情不自禁流泪了。"

我爸立刻开启了反讽模式:"你看,我虽然没经历过什么事情,但是你奶奶死了我没哭;小时候被饿了十年我也没哭;我和你妈妈约会了五年,手都没牵过,我也没哭,你有什么好哭的?"

我打断了我爸:"爸,你和我妈手都没牵过,怎么有我的。"

他说:"这你不要管。男人有什么事情,不能平心静气地想一下呢。"

这就是他的宗旨,任何时候,他都不建议你哭,因为他认为那是没有出息的表现。

而且,他还会给我一些诡异的约会建议,比如他说,男人哭,就丧失了雄性魅力,女人不会喜欢这样的。再比如,他让我不要被女孩子影响到情绪,我的选择有很多,没必要把自己逼得太苦,做点自己开心的事情才是正确的。

虽然我不是很赞成他的全部观点,但现实却常常验证了他的一些话。比如有感情专家说撒娇的人有人疼,但他们可能忘了提醒,这在感情的初期是有效的,时间一长，对方难免会变得不耐烦。反倒是那些在感情里冷静自持的人，情绪表露得少，可能会占尽优势。当然，我不是感情专家，我只是一个被爸爸教育要这样要那样，却又常常做不到的人。

至于表露情绪好，还是不表露情绪好，我至今没有答案。但我知道，在表达情绪方面，女性有着天生的优势。比如我们可以做一个小实验，让一男一女两个人，分别坐在马路边哭泣，相信他们得到的同情，肯定不一样。

我最近遇到过一个小哥，坐在马路边哭。来去匆匆的行人，仿佛都没有注意到他，没有人停下来劝一劝他，或者问问他发生了什么。而我不一样，我知道他遭遇的事情可能是我以前遭遇过的，我们都是心思细腻的人。所以我停了下来，拿出手机，给他放了一首《算什么男人》。

看，这就是我爸教育的成功之处，尽管我自己也做不到，但我也认为男人大多时候需要坚强。

都市的不朽传说

我爸还有一个非常好笑的特点,他不太理解年轻人过什么万圣节、圣诞节,他觉得春节最好了。我就问我爸:"春节除了是中国的传统节日,还好在哪里?"

我爸就说,外地人都回家去了,上海很安静。

这真是个非常直白的理由!但是老爸啊,你就是这样想,也不能这么说啊!

于是,我又习惯性地将了我爸一军:"你看,外地人都回去了,那些小菜摊、早餐店、小卖部都关门了,你肚子饿了怎么办?"

我爸说:"你这个小东西,我们那时候,饿几年都没关系,你饿几天会怎么样?"

是的,我爸经历过物质非常匮乏的时代,所以他觉得我们现在天天都有肉吃,已经是难以形容的幸福。这也让我想到小时候,我爸总骗我,还给我营造一种氛围,让我以为我家是棚户区里条件最好的。那时候,我们隔几天会吃一顿肉，我爸会说："你去打听打听，定海街道有谁家比我们家条件好，一两天吃一顿肉，你去打听看看。"

我自然不能饭吃到一半就去打听，所以我很相信他。尤其是，大多数这样的时候，我妈也会站在旁边附和我爸："对对，哪里有人家条件这样好。"

所以那时候，我也觉得我家是条件非常好的人家，不像我的同学们，他们大概从小都没怎么吃过肉，或者一年才吃一两次肉。但后来交流多了，我发现我的同学确实不吃肉，他们吃鹅肝、北极虾……

还有一件事我爸也经常骗我，他说我们家的人都不能喝太冰的东西，因为我家有祖传的胃病。我难以想象，不同于别人家祖传的万贯家财，祖传的书籍、字画，我家祖传的是胃病。我以前是深信不疑的，加上我小时候的确胃不太好。但我去澳大利亚留学之后，渐渐入乡随俗，很少喝开水，通常喝常温的水，神奇的是，那几年，我的祖传胃病竟然无意中被治愈了。

这里可能有个常常被大家忽略的科学常识，那就是，过热的水容易对人的食道和胃造成损伤，这也是为什么65摄氏度以上的饮品如今已经被认定为致癌物，而导致胃癌和食道癌的很大一部分原因就是人们喜欢吃温度过高的食物。

我家还有很多其他的"都市传说"，比如，我爸和我说，一天吃一个鸡蛋就好了，吃多了会对身体造成伤害。但后来经济条件好了，我发现，我爸做个蛋汤也会放好几个鸡蛋，更不用说炒鸡蛋之类的菜。我就问我爸："你现在怎么不担心吃蛋多对身体造成危害了？"

我爸也有理由："现在科技进步了，这些副作用都被避免掉了。"

他的话令我相当震惊。

我一直觉得，我爸给我讲的看似非常荒唐的都市传说，都是物质比较匮乏的时代为了让人珍惜粮食，或者控制贪欲而发明的，但它们的科学性，实在有点不可考。

论白眼狼的几种分类

说完了我爸，我还想提一下我妈。我妈是一个典型的中国妈妈，勤劳、本分，有点唠叨，非常非常普通的一位妈妈。我妈的性格没有我爸那么富有戏剧性，所以在我的喜剧创作中，我妈的戏份并不多，她也没有给我提供过多的灵感，但在我成长的路上，我妈在其他方面的作用举足轻重。

2020年初疫情暴发，正值我妈退休在家，无聊之际，她学会了玩手机。她最喜欢的是网购，而她选东西只有两个标准——优惠和打折，定位非常精准，所以她选东西也很快。

但我妈也有她的小聪明，她常常会在下单的那一刻，和我说："哎哟，我的卡怎么没有办法付款啊，你帮我看看啊。"

于是,她发过来一个链接,我一边在心里暗暗吐槽什么卡不能付款,一边乖乖替她买下。

其实我一直觉得,给妈妈买东西是天经地义的,完全不需要暗示什么。但有一次,我们却因为买东西真的生气了。那天,她又发过来一个链接,著名的打折拼团网,我用我的经验判断,这就是个劣质商品,所以就对她说:"妈妈,链接里的东西都是假的,你有问题的啊!"

谁知道,她生气了,在手机上捣鼓了一会儿,给我发过来一个链接,我一看标题,当场就气乐了。只见大大的标题写着:"论白眼狼的几种分类。"同时我妈还不忘丢我一个白眼,让我好好看看。

我无奈地说:"妈妈,这样不好吧?"

我妈倒是气定神闲:"哦,我以为你喜欢这种幽默呢!"

更过分的是,我爸还特意发了一条朋友圈,标题是"逆子的下场",坚决站队我妈。

我妈还是个非常节省的人,其实我觉得,我和我妈这两代人都会节省,但大家节省的地方又都不一样。比如,我们会去夜店,会为了喜欢的鞋和衣服一掷千金。但要让我们去充网盘会员、听歌会员,可能我们又会四处找人去借:"嘿,哥们儿,你那个会员借我用一下。"

我妈也一样,她会和老朋友出去旅游,住很好的酒店,吃很好的餐厅,但却会在爽快地付了几千元的餐费之后,和饭店服务员争辩打包盒一定要免费,甚至,他们还会把五星级宾馆的纸巾、牙刷、牙膏统统打包带回家。

这就是我的父母,偶尔世故,偶尔可爱,打击我,却给我很多爱。

第 2 章
我有个学校想讲给你听

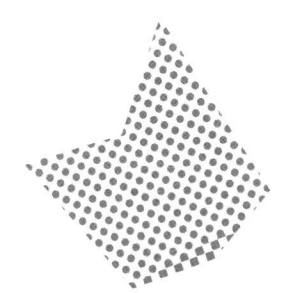

虽然现在男女都挣钱了,但也不一样,女人赚钱少没关系,赚钱多,那就是女强人。

男人不一样,男人都要挣钱多,而且挣再多钱也不会被人叫男强人,你看马云,赚那么多,大家也只是叫他——爸爸,可见,挣钱多的人才能享受做父亲的快乐。

> 我怀念那个年代的学生生涯,虽然有苦有泪,但是我们很快乐。

别笑,我的英语真是体育老师教的

尽管我还没有老到需要靠回忆过去来度日的年纪,但这不妨碍我经常回忆过去。我常常想,如今的我,之所以成为现在的模样,我的求学经历功不可没,它塑造了我的性格。所以,我想介绍一下我念过的学校,首先是上海杨浦棚户区里一所很普通的小学。

用现在的标准来看,我的小学是简陋到不可思议的,但那时候,我们谁也没有觉得有任何不妥,直到后来我长大了,认识了新的朋友,聊起了他们的小学——

"啊？你们的学校背后竟然没有工厂？小学后面不都应该是一个连着一个的工厂吗？"

"啊？你们学校旁边竟然不是工读学校（青年管制学校）？！"

那时候年纪小，也不懂与我们一墙之隔的所谓"工读学校"里面读书的是什么人，只知道在八九岁的年纪，这些看起来比我们大了很多的哥哥们，经常送给我们的，大概就是随手丢过来的垃圾，和对正在上体育课的我们的嘲笑。我们在这里出生，在这里长大，外面的世界对我们来说，还是过于遥远了些。

所以当我知道新朋友的学校，足球场竟然有草坪，篮球筐竟然有筐，学校池塘里竟然有鱼、有青蛙时，我太震惊了！

学校竟然是这样的？！

后来我还发现了一个事实，那就是网上流行的很多段子，在生活中真的不是段子，而是现实，比如——我的英语，真的是体育老师教的。在我小时候，上海的学校从小学一年级开始就已经安排了英语课程,现在可能会有人发出感慨:"哇,这么先进,一年级就开始学英语,我们都是从初中才开始学的嘞!"但在当时,我们的小学,师资力量并没有多强,对英语也不是那么重视,我们的老师,只要有一点点英语基础,就可以教我们英语,而且多数是其他学科的老师兼任。而我,就幸运地,被体育老师教了四年英语。

于是,我的体育老师是徐根宝(和著名的足球名宿同名),我的英语老师也是徐根宝。从小学一年级到四年级,我们重复地学习着二十六个英文字母,还有一些简单的单词,比如apple(苹果)、school(学校)、pupil(学生)……

体育老师教英语有个特点,比如说一般的英语老师检查你作业的时候,如果你没有默写,或者默写得不对,老师肯定会罚你抄写,罚抄十遍或者五十遍都是有可能的。但我们的英语老师不一样,如果我们没有默写或者没有默对,他会让我们去操场跑三圈。

跑步对体育成绩好的学生来说，那就是优势啊！所以，他们找到了体育和英语之间的完美平衡，那就是英语不好也不要紧，你就多跑步嘛！但体育不好的时候，英语一定要好，不然你可能会发现，操场就是个噩梦。

You too！

提到学英语，不得不说一个普遍的现象，在我们生活的环境中，很多孩子和我是一样的，一年级开始学英语，到了高中毕业时，已经有了十二年左右的英语学习历史，我们的英语水平应该已经相当不错了。但大多数人也和我一样，学习英语的过程就是一个接受应试教育的过程，而应试教育有什么特点？那就是听读写都不错，但不会说！

所以我们会发现，很多人听得懂英文歌，看得懂没有字幕的原声电影和美剧，但很少能用英语与人对话，为什么？

因为老师不教啊！

很多英语老师，就像我的体育老师一样，在英语发音方面，他们自己就是一知半解，或者发音不准，对他们来说，英语教学的目标便是完成教学，让学生们顺利通过考试。而把英语说出口，这个现实中最实用的技能，却被当时的很多老师忽略了，这也就是为什么，我们那个年代大多数学校里出来的十年英语学习者，学的都是哑巴英语，听得懂，却不会说。

这会造成很多尴尬的场景，你能想象吗？

最可能的情况是，如果某一天我在上海的人民广场碰到一个外国人，然后我们吵起来了，偏偏他说什么我都听得懂，却没有办法回嘴，我就在那里面红耳赤地看着外国人指着我的鼻子骂："Hey Strom, bitch, get out of my face.（脏话，类似'贱货，走开，别让我看见你'之类的意思。）"

他如此过激地骂我，我却只能在内心咆哮："啊啊啊,他竟然骂我混蛋,他竟然……"而我的嘴巴却像是被封印了一般,张口结舌吐不出来一句反击的话,只能用狰狞的面部表情来表示内心的激愤,然后磕磕巴巴地回上一句:"You too!"

这个问题也算是我对英语教学的一点小小的意见。当然,英语毕竟不是我们的母语,所以容易多说多错,从这个方面来说,哑巴英语倒避免了我们多犯错误,也很可喜可贺,是不是?

我们可能常常忽略一个现象,那就是,在北上广深那些经济相对发达的城市里,会有很多跨国情侣,他们似乎很少分手。倒不是说他们的感情有多深,相反,他们的感情怕是没有那么深,而我的脑洞告诉我,归根结底,是因为语言让他们沟通不畅,连吵架都不能深层次地吵,所以自然不会过激,不容易闹到分手的地步。

在他们之间,多数的场景是这样的:

一个人在心里默默地埋怨另一方——他就是个混

蛋,又邋遢,又不赚钱,还没有上进心,对未来没有任何的憧憬与规划,连看电影都是喜欢金·凯瑞,而不是我喜欢的伍迪·艾伦。我们有太多的不同了,他爱摇滚,我爱古典,好想骂他……

但结果呢,翻译真是个力气活啊,于是话一出口,变成了简单的:"Hey, good afternoon!"

吵架真是太难了,不是吗?还是长长久久在一起算了!

被拗分?真不新鲜!

毕业之后,我们可能会发现,身边的同学,有的成了所谓的成功人士,拥有不错的社会地位和财富,有的却默默无闻,泯然于众人,混个温饱。大家成了社会上形形色色的人,从事各种各样的行业。

而在我们的学生时代,一个班级其实也像是一个小型社会,有各种各样的人。就比如,每个班里或多或少都会有几个所谓的"问题学生",而我读书的时代,20世纪90年代,这样的学生好像更多。

那时候,上海的校园里流行一个词,叫"拗分"。拗,在上海话里就是抢;分,就是钱。所以拗分,就是特指校园里的那些抢劫学生、敲诈勒索的事件。

有一次我做直播,语音连线了几位朋友聊天,我在杨浦区,连线了几位虹口区、长宁区的朋友,我们提到了拗分,提到了问题学生,我才发现原来几乎每个学校都有这种现象。

问题学生,在当时还会被称为小流氓,通常比普通学生大上几岁,而年龄优势也让他们更有其他方面的优势,比如,长得又高又壮,真正的鹤立鸡群。

所以,我们经常会看到,在校园门口的小卖部外面,有这么一群少年,他们或蹲着,或坐着,嘴里叼根香烟,活脱脱一个翻版的"古惑仔"(那时候这类香港电影的影响很大),而那些规规矩矩放学出来的学生,就是他们敲诈勒索的对象。

当时我们的环境就是那么糟糕，远没有现在的孩子幸福！如今的校园，早已经杜绝了这样的现象，而学生们的学习条件，无论是软件还是硬件，都不是我们那时候可比的，崭新的电脑、热情的老师、花样繁多的网上娱乐方式……

提起娱乐，大概深藏在我们那一代人记忆中的，就是弹玻璃球、打钢珠、拍卡片（上海还叫拍香烟卡），或者最高级的玩法，是去游戏机房消磨过剩的精力。游戏机房也是一个拗分现象高发的地方，毕竟能去游戏机房的学生，都是有一些零花钱的人，而游戏机房里也更容易让不良少年们隐藏自己。

我的朋友狗子就常有被拗分的经历，但狗子是一个略显复杂的人，他在小学和初中，是被拗分，到了高中，就变成了去拗分别人。这就像是一个长期被压迫的人，终于有力量反抗的时候，会选择使用压迫他的人所常用的方法。

而我也有被拗分的经历，让我印象比较深的一次，大概是发生在1998年10月，我读小学四年级的时候。有一天，我被几个小混混盯上了，他们把我带到了我家附近的一个角落里，围着我，我知道我要"被借钱"了。这就是他们的人生智慧了，他们不会说"抢"，他们用的是"借"，一字之差，意义却相差甚大，即使被抓到，也不会有太大过错，毕竟，他们只是"暂时还不出来"，而不是真正的犯罪。虽然我们谁都知道，四五个大孩子叼着香烟，围着一个小孩子"借钱"是多么荒诞可笑的事情！

围着我的少年们，就是这样的一群深谙街头智慧的人。他们的头儿，是个叫"邓大哥"的人，当时我年纪小，不懂事，现在想来，当时的邓大哥十七八"高龄"，却和十一二岁的我有着差不多的身高，恐怕这就是他拗分小同学的深层次原因。他有着成人的年龄，却没有成人的强壮，所以无法得到成人世界的认可，而这种缺乏的安全感，便让他在拗分小同学的过程中找到了。所以，他用成年人所谓的社会经验，纠集了一群"小弟",在学校门口兴风作浪。

邓大哥堵住我,故作亲切:"小徐啊,我和你表哥很熟的。"

这还真是一句实话,我也知道他认识我表哥。很奇妙是不是?像现在的电信诈骗犯和传销团伙一样,拉关系、套近乎是他们的第一步。然后,他开始诉苦,说最近遇到点困难,想跟我借点钱。

一个成人的问题找小孩子来解决?别开玩笑了!更别提当时的五十块真的是一笔不少的钱。但我没有办法,面对身高体壮的"大人"和"如果不借,就怎么怎么样"的恐吓,我很难不懦弱。于是,我从爸爸的钱夹里,偷了几十块钱,给了他们。

到这里为止,这次被拗分并没有值得我记住的理由,毕竟,小小的我已经习惯了,而第二天,才是让我印象深刻的原因。

看到班长,帮我给她

第二天,我照常去上学了,那天上历史课,我开始了例行睡觉。倒不是说历史课很无聊,而是我有点小聪明,自认为历史成绩还不错,完全可以放心地睡一觉。就在我半睡半醒的时候,突然听到学校的广播里传来了校长的声音,接下来便是一段让我惊心动魄的话:

"四年级一班的徐同学,我了解到你昨天被邓同学带着几个三年级的同学拗分了,你别怕,不要紧的啊!我们已经通知警察,抓住了邓同学,其他几位三年级的同学也受到了教育,请你立刻到校长办公室来把钱取回去。"

我是谁?我在哪里?我要干什么?这就是我当时的状态。

原来那些又高又壮的人只是三年级的,是我的学弟,这让我更丢脸了!

所有同学这时候都已经转向了我,他们知道是我,我也知道他们知道是我,但我依然要装傻:"不是我,不是我,怎么可能是我!你们听错了!"真是太丢脸了吧!

连老师也停下了讲课,说:"校长说的是不是我们班的徐风暴同学啊?"

我自然是疯狂抵赖,然后继续睡觉。但,梦总会碎,不过十分钟的时间,校长又广播了:"四年一班的徐风暴同学,考虑到你可能在睡觉,没有听到,所以再通知一遍啊。"我觉得校长这一刻的声音异常清晰,"我了解到,你昨天被邓同学带着几个三年级同学拗分了啊,没有关系的,我们现在帮你把钱给要回来了!还有,在等你上来的时间里,我看了一下你的钱包,你听听都对不对啊?"

然后校长便开始罗列我钱包里面的东西——十块钱、两张小浣熊干脆面的卡……哦,那时候小浣熊干脆面很流行,比干脆面更流行的就是里面的附赠卡,每一个80后的回忆里应该都有它们，在那个时候，小浣熊卡几乎是硬通货了，像是比特币一样的存在。还有三国和水浒的卡，如果抽到一张宋江或者林冲，甚至可以直接兑换十块或者十五块钱。

"哦，还有一封给××的信，是情书吗？"

我大概已经不在人间了吧！

我当时给班长和学习委员各写了一封情书，小孩子也不懂什么是爱情，不过是觉得女孩子可爱，但又有自己的小聪明，觉得写给两个人，就各有百分之五十的命中率，却又窝囊，不敢寄出去，于是，信便落到了校长的手里。

"这些信我都给你保存着，徐风暴同学，请立刻到校长办公室来把钱取回去。"

校长广播两遍，我再也抵赖不掉了。我的同学都在讥笑我，毕竟，虽然大家都知道我被邓大哥拗分是挺委屈可怜的，但被一群三年级的人拗分，又实在很可笑。

当时的我没有任何办法,只能忍着屈辱,从四年级教室一路跑去了校长办公室,这一段路,也成了记忆中很艰难的一段路。我路过的每一位老师、每一个窗口,他们都在期待着一个人的出现,就是校长广播中的主角——我!而我所到之处,都会留下一片笑声。

我现在自然可以心平气和地讲出这件事情,但当时,我觉得无地自容。

在大人的眼里,小孩需要什么面子?哪里知道什么叫自尊心,懂得什么叫丢脸?但小孩真的更爱面子,更怕丢脸,至少,我感觉那一刻,我的自尊心已经碎成了渣,从此再没有办法在同学面前逞英雄了,而能逞英雄的人,才是有面子的人。

但我得说,其实我并没有做错什么,那些参与拗分的人,才应该是丢面子的人。可现实就是那么奇怪,被欺负的人比做坏事的人感触更深。

到了校长办公室的时候,我早已经泣不成声。校长看着我一把鼻涕一把泪,也难得地动了恻隐之心,说:"徐风暴同学,你好,我下次会注意一下处理事情的方式和态度啊。"然后他就把钱和小浣熊卡一股脑儿都给了我,在他要把情书还给我的时候,我说:"校长,不用了,那个你留着,你要是看到了我们班长,就帮我把情书给她吧!"

我哭得更厉害了,校长没办法,留下我聊了一会儿,从事件的性质聊到了以后学校和警方、社区都会加强管理,要给大家一个好的学习环境,让我们不用担心。我听完之后特别感动,尤其在校长说我是个好孩子的时候。他还说,他知道我会在同学面前觉得羞耻,没关系,他会帮我纠正同学们的看法。所以,在我顶着有点肿痛的双眼,美滋滋地走回教室的路上,小广播又开始广播了——"同学们,注意一下啊,最后一个紧急通知啊,四年一班的徐风暴同学已经在我的办公室里哭出来了,你们讥笑他被拗分的这件事情,是非常不对的啊。请所有同学以后注意了,千万不要再嘲笑他,他是一个自尊心非常强、非常要面子的同学,请你们千万不要再嘲笑他,谢谢!"

……

我还能呼吸,是我坚强!

这件事情其实影响我好久,那个邓大哥也住在我家附近,那件事之后,一直到我十七八岁,我都会绕着他家走,生怕被他看见。所幸,后来也没有怎么碰到过他,也没有再发生被拗分的事,但这件事,就像我心里的一根刺,时不时会隐隐作痛。

有一段时间,我听说他被抓了,当时很激动;后来又听说他得了绝症,我也很激动;我现在想起来,还是很激动。他是我成长中最大的阴影,没有之一。而如今听到小时候的朋友、邻居说他恶人有恶报时,我不会怜悯,只有那种解脱的心情,觉得这个世界还是公平的,坏人还是不会笑到最后的。

五六年前,我开始进入喜剧行业,为喜剧表演准备的脚本,也会被用来做一些宣传,当时我就把故事大纲之类的发到了贴吧里。我也会记一些自己小时候的经历,简短的、有趣的,都写在贴吧里,我把这件事也收入了其中。

有人看到了我的帖子,就和我说,你说的这个事情我看过的啊,还给我贴过来一个链接。我点进去一看,果然,一个多月前,有人也写了类似的事情。我就想,这个人一定是看过我的表演,喜欢这个故事,才写在自己的帖子里,赚一些人气。于是,我就跑去留言:"你好,作者,我是这个故事的原作者徐风暴,请你立即停止对我作品的抄袭行为,我会保留对你进行法律诉讼的权利。"

我很快得到了作者的回复:"嘿,徐风暴,你还记得我不,我是和邓大哥一起拗你分的三年级的小吴啊,你现在怎么样?"

……

我果然还是太坚强!

大侠汪老师

还是讲讲狗子的故事吧。

先说说狗子的性格,我觉得他和我一样,充满了冒险精神,是个不服输的人。小时候,由于身材不够高大,社会经验不足,狗子也常常被高年级的同学欺负,但在某些事情上,他又比我多了一点点叛逆。就比如我们前面说的,狗子先是被拗分,然后又变成了拗分别人的人,而我不会。

那时候的小混混也很有策略,他们不仅会谈判学,还会心理学、经济学,所以他们不仅会在校门口堵人,还会算准逢年过节以及春游、秋游的时间,趁机大捞一笔。这几个时间段,是学生零花钱比较充裕的时候,自然也是他们创收的季节。

这个故事就是发生在秋游的时候,狗子和我,还有另外几个同学,约着去我家附近的一个大型超市购物,而小混混们,就守在超市的一个出口。当时十几岁的小孩已经玩起战术,知道超市只有一个出口,守住就能成功。

于是相逢成为必然,但他们那次只找狗子,貌似是以前便有未了的恩怨。他们向狗子要钱,狗子给了他们五块钱。但小混混们嫌少,就翻了翻狗子的皮夹子,一看还有一张十块,就笑了:"要不这样吧,你把十块钱给我,我把五块钱还给你,你看你还是给了我五块钱对不对?"

狗子一想,对啊,然后就把那个十块钱给了他们,换了个五块钱……

后来,渐渐长大,狗子也没有再碰到这样的事情。只有偶尔在打篮球的时候,会有两个校外的混混过来找他麻烦。那时候,我们的班主任姓汪,汪老师是我学生时代一直比较崇敬的人,他比我的父母还要大一辈,很传统,却非常懂得保护学生,他会用自己的方式去教育那些常人眼中的"差生"。

所以,在狗子被找麻烦之后,整整一个星期,汪老师都护送他回家。老式的二八自行车,汪老师在前面蹬着,后座上坐着狗子。

汪老师是我们整个初中阶段的班主任,他对付外人冷酷无情,教训起我们也是丝毫不讲情面。那时候,他有两项神功,"剃头神功"和"化骨绵柔指"。我们自习的时候,他会悄悄地站在教室的后门窥视着大家,如果谁上课讲话,他会立刻冲进来,大叫"起来",然后就用手使劲地搓这个学生脑袋两侧的头发,打磨出与当时流行的非主流发型相似的效果。他还会用手指戳我们的脑袋,戳得同学们都怕他。

但,这样的"体罚",其实称不上体罚。他虽然会动手,但他更是一个尽职尽责的好老师,每一次家访,他都不会落下任何一个学生。他会去学生家里了解真实的情况,第一次如果没有见到学生家长,他就会去第二次、第三次、第四次,直到见到为止。而他那些所谓的不完美,对比之下会显得微不足道。至少,在我们这些"被动手"的学生眼里,汪老师近乎完美。

汪老师还会免费帮学生补课，要知道，那时候有的老师已经开始开发自己的小智慧，办起了校外补习班，还会用言语暗示家长，需要在校外补课才能有好的学习效果。而汪老师是唯一一个没有收费辅导的，他会在周六召集大家回到学校，指出每个人的不足，再指导我们怎么写作文。

在收费补课已经达到时薪八十块的上海，汪老师的确是难得的清流。所以也就造成了一个奇怪的现象，那些收费的老师，上课的时候脾气都非常好，从来不会体罚学生。但汪老师不一样，他很为我们着急，会对家长说我们这里不行、那里不行。

可能也正是因为如此操劳，汪老师不到六十岁就已经白发苍苍，才六十七八岁，便过世了。能给我留下深刻印象的老师不多，汪老师是最独特的一个。我也不是说不生气的老师不好，但即使我们现在回看，像汪老师这样的老师，也已经不多了，即使对狗子这样的学生，他依然会张开羽翼，尽可能地保护他。

狗子上了高中后,已经学会了身份互换,拗分起别人来,毫不手软。

那时候,流行玩自行车,改装一辆捷安特,就像今天改装一辆私家车一样威风,让人热血沸腾。我们会给捷安特自行车加上龙头凤尾,换个轮毂,再加上铝合金,炫酷又拉风。什么?价格和买一辆新自行车的价格差不多?不要紧,改装才是王道。

狗子就是这时候出场的,他想到了一条生财之道。如果有人仔细观察一阵,就会发现总有一个少年,扛着一辆自行车,送到修车师傅的面前,骗师傅说自己的车钥匙丢了。当时管理疏忽,给了他很大的便利,修车师傅爽快地给他开了锁。而且,他还知道,最多找同一个修车师傅开三次锁,第四次就要换人了。

之后,再把开了锁的自行车转卖给别人。后来他甚至发展出一条学校间的自行车产业链,各个学校都有客源向他预订自行车。

当然,做这样的事情是违法的,但我也只想如实记录我的学生时代,以及那时候真实的狗子。

其实狗子也碰到过惊险的事儿。

他当时在我们杨浦区一个叫作"小世界"的游戏城,游戏城的门口经常有很多孩子们停放的自行车,那些自行车也很酷炫。狗子当时非常贪心,他扛起两辆自行车就准备走。这时候,车主刚好出来,立刻拦住了他。车主是两个个子比他矮一点的初中生,虽然他那时已经上高中了,但对方是两个人,他又扛着两辆自行车,怎么办呢?

千钧一发之际,狗子竟然扛着两辆自行车就和他们缠斗在了一起,像影视剧的李逵挥舞一对板斧一样,他挥舞着两辆自行车,虎虎生风,两个小车主都不敢近前,最终让他带着车子逃脱了。

后来我和狗子聊起那时候的事情,我说还好那时候年龄小,要是现在做这些事,那可不得了。现在他有了家庭,当了父亲,再讲小时候的故事,自己都觉得可怕。但当时,我们只会觉得"哇,狗子好勇敢,狗子好叛逆"。所以这么看来，我们的教育是在不断进步的，如今的大多数孩子都有正确的是非观，现在的校园，也变得非常美好。

模范与奇葩，一个也不能少

有好就有坏，我能记住汪老师，也记住了一个与之相反的Z老师。

在我读小学的时候，有这么一位老师，他感受到了一个组织的召唤，从此"脱胎换骨"，整个人变得神经兮兮，当别的同学在课堂上背诵"床前明月光"的时候，我们则是在Z老师的带领下打一套组织拳法，美其名曰"共同进步"。

后来我发现，心术不正的人有个共同的特点，那就是比较爱钱。Z老师也一样，他会在收取餐费的时候多收钱，六十三块的餐费，他会收七十块，并号称剩下的钱做了班费，但事实上，谁也没有见过这项费用。就这样,林林总总,他总是能找到一点灰色的收入,让自己小富起来。

这样的事情算是明面上的,除此以外,他还会让家长给他送礼,送保健品、化妆品,或者各种各样的东西,后来干脆暗示大家直接送钱,不然就会让他们的孩子成绩不及格。

Z老师还做过一件极其荒唐的事,四年级期末考试的时候,他说,等考试结束,他要奖励班级前三名去他家里参加为期五天的游玩学习活动。

听起来似乎很不错的样子?当然不可能!

他收了每个孩子四五百元,然后让三个人挤在他浦东家中的一间卧室里,当时的老上海人会说"宁要浦西一张床,不要浦东一间房",可见浦东条件并不好。而这三个孩子,每天的娱乐活动就是看电视,最值得记忆的,是最后一天吃了一顿炸猪排,区别于前四天的泡饭和萝卜干……

当然,Z老师一定是教师队伍中的败类,我不知道他后来是否被开除了,我只是觉得,无论做什么,对本职工作的责任心都是很有必要的。比如课外补课,如有必要,他完全可以放弃人民教师的身份,专职做个补课讲师,那也无可厚非。

当然,我自己也不是一个"清白的好人",我也会用自己的小聪明去反抗一下我认为的不好的老师。

初中二年级的时候,有个教数学的姓李的女老师,会在外面收补习费,有一次她还暗示我妈,但很遗憾,我妈没听懂。也可能我妈觉得这个事情并不是很重要,所以结果就是我的成绩从来就没有好看过。

有一次考试结束,我又没及格,我就想,要不要冒充别人给李老师打个电话,把我的分数提高一下?

那个时候,大家对电话的需求还没有那么高,学生更是不用打电话。所以一个弄堂的人会共用一个电话亭,我要想打电话,就要走过长长的弄堂,然后用现在只能从影视剧里看到的那种罗盘电话,一圈一圈地拨号。

电话接通了,李老师的声音传过来:"你好,请问找哪位?"

我故作深沉:"李老师,你别管我是谁。"

李老师有点慌:"你到底是哪位?"

"哼,我告诉你,你把这次数学不及格的同学的成绩都改及格了,不然我弄死你!"

说完台词,我沾沾自喜,觉得自己真是太聪明了啊,没想到话筒里又传来李老师的声音:"哦,这样子啊,这次好像就一个人数学不及格吧。"

我整个人呆傻在电话亭里……

人应该是被公平对待的,所以那些利用权力、身体,或者利用精神上的优势去榨取别人利益的人,都是我比较讨厌,甚至比较憎恶的人。我认为所有的事情都有讨论的余地,而不应该是一边倒的观点。支持弱者,是我深藏的悲悯之心。

"我是天才"樱木花道

我小时候最喜欢的科目是语文和历史，我觉得我长大了可能也会从事类似的工作，动动笔，或者动动嘴就好了。但我有个爱运动的爸爸，家里的"晚饭伴侣"永远是体育新闻，所以我也一直喜欢运动，并在体育新闻的影响之下，爱上了打篮球。

我们学校的篮球架不仅没有网，连篮筐也没有的，有的只是篮球架上的油漆方框，我们打篮球，也只是对着那个框投过去。但念小学的我们实在是太小了，哪一次球能碰到篮板，就已经很让人开心了。

但我还是坚持打篮球，从小学到初中，再到高中，后来长高了，便认为自己的篮球技术已经"全校无敌"，手上永远抱着一颗球，或转着，或扔着，俨然一个球痴。那时候，即使碰到班主任，我也丝毫不惧，我会走到班主任面前，"啪"的一声，一个穿裆球，然后继续转，耍帅到爆炸。

我对自己的篮球水平自信到已经开始瞧不起其他的高中生了，于是我去外面的球场，和一些二三十岁的成年人打球，然后打败他们，享受着"后浪"拍"前浪"的快感。当时还会腹诽，觉得这些出来打球的成年人，一定是没有家庭，没有爱情，没有事业，也没有朋友，还要被我这样的高中生虐，活该啊！

当时，我觉得自己就是樱木花道，就是流川枫！

当时，我觉得长江后浪推前浪就应该是这样！

我对自己的篮球水平超级自信，有任何的篮球比赛，我都第一个报名，不惜旷课去参加。我还觉得很多课对我并不重要，比如物理、化学，我只要知道牛顿是谁，知道 1kg 等于 1000g 这些基础的知识就可以了。所以高中三年，老师给我的评语是这样的：

高一：球打得不错，学习也要进步；

高二：不要因为打篮球而荒废学习；

高三：放弃吧，你打不了职业篮球的。

所以，我这样的人，最后没有打进职业篮球队，我也没有想到。

那时候,无论男生女生,都觉得打篮球的人是最帅气的,再加上一点点叛逆,更是魅力十足。整个求学过程,篮球给我带来了很多,也让我错过了很多,说不上对或错,但我依然认为篮球对我非常重要。

最近,我常常和一个叫老番茄的"网红"聊天,他比我小十岁,是复旦大学的研究生,B站(国内知名的视频弹幕网站bilibili的简称)有名的红人。他也很会打篮球,有一次我和他打球(虽然是唯一一次,但我更喜欢说"有一次"),发现他正是年轻力壮的时候,精力的巅峰,身体的巅峰,而我和他打球时已经处于下风了。

有一个瞬间,他运球过来,我去拦截,不可避免地,我们发生了一点冲撞,当时不觉得有什么,回去之后,发现胸口被撞的地方像是被烙铁烫过,又肿又烫。这种感觉整整持续了一个月,我终于体会到了高中时期那些被我虐过的成年人的心情了,出来混,总是要还的!

当然,更让我惊讶的是,他是如何兼顾学业与打球的?他学习好,打球也好。所以我常常想,我的脑子是不是没有别人聪明,至少没有我想象中的聪明。

我爸妈对我的学习一直期望不高,或者说,他们也曾经梦想我能考上复旦,考上上海最好的大学,但当他们发现现实不是这样的时候,也就非常坦然地接受了。

还好,我还是有点小聪明,小学、初中的成绩还不错,高中也上了一个区重点,然后便是一路下滑。

好在,我爸妈又很坦然接受了我下滑的事实。

那时候,我迷恋樱木花道,便把他的名言"我是天才"刻在了床头,我爸就会指着这四个字和我说:"天才,天才!天才才考五十五分?"

我爸妈是开明的父母,他们知道读大学是为了以后能更好地工作,但也能接受儿子不喜欢读书的现实,所以他们为我做了其他方面的准备。而不像现在的孩子，从小就是高压环境，读书、补课，一刻都不放松。

读大学是很高的表扬

但我也不是一直这么浑浑噩噩，曾经的我也被认为是"读大学的料"。

我记得很清楚，是四年级的一节语文公开课，老师讲《美丽的南沙群岛》这篇课文，让同学们回答一块礁石的学名。我的小聪明又发挥得不合时宜——上课之前，我偷偷看了老师的教案，默默记了下来，所以在老师提问的时候，我第一时间举起了手。

那一次校长也在教室里，听到我的回答，他当场就表扬了我，说："哇，你们看这个徐风暴，将来也是读大学的料！"

就这一句话，让我在以后的十几年里，觉得无论我怎么瞎胡闹，都会是去读大学的，真是美丽的误会。

在我读小学的那个年代，还不像现在，读大学仿佛是人生的必经之路,如同吃早饭中饭晚饭一样平常。那时候,读大学几乎是人的最高成就。20世纪90年代,人们评价一个人比较聪明,就是觉得他是上大学的料。但那个时候,在上海的弄堂里,如我在序言里所说,他们"看不起"大学生,会嘲笑大学生。大家也不觉得知识特别有用,如果你听到弄堂里的人在夸夸其谈地讲一些历史事件的时候,勇敢地上去反驳他们的荒谬观点,那么完了,他们便会立刻嘲笑你:"哟,你是读过书的哦,你是个大学生了哦,大学生了不起啊?"之后,只要你一出现,便会听到:"哟,大学生来了,大学生你过来,给我们解释一下,为什么火箭会发射啊?"

想不落荒而逃也行,那就等着被问到落荒而逃吧!

说来也奇怪,这样的环境却并不影响孩子们按部就班地去求学,而且那时候,有个好玩的事情,就是每个孩子都有个英文名。当时我的英文名还不是Storm,而是Rabbit,没错,就是兔子,因为我的生肖是兔。这是我初中时候用的英文名,源自电影《8英里》,当时我并没有看懂这部电影,但我很喜欢演员Eminem(埃米纳姆),他演的主角的说唱花名便是Jimmy'B-Rabbit'Smith,昵称就是Rabbit,所以我也要用和他一样的英文名。

中国孩子起英文名特别有意思,一般都会以水果命名,看着学生名单,就像是超市的购物单:Milk,Apple,Peach,Pear,Banana……

还有一种方式,是用偶像的名字来命名,比如喜欢勒布朗·詹姆斯,便叫LeBron;喜欢迈克尔·乔丹,便叫Jordan。长大后,我见过一个朋友家的孩子,他本姓杨,喜欢C罗和梅西,所以他的英文名字叫Cristiano Ronaldo Lionel Andrés Messi Yang。

自从买了学区房,唐诗三百首倒背如流

提到求学的经历,我还想表达一下我对学区房的

不同看法。

在我看来,学区房是一个非常荒唐的概念,在孩子还没出生的时候,就已经为他们准备好学区房,仿佛只要进了这个学校,以后就会如何有成就。但其实,每个学校都有学习好的和学习不好的,所以,靠房子来定未来,是多么荒谬的选择。学区房只是房地产中介炒出来的一个概念,家长们趋之若鹜,更是让它成了一种社会畸态。

真正优质的家庭教育,应该是买书、看书,给孩子正确的引导。像我们看到的新闻里,记者采访高考状元,询问他们的成功秘诀,没有一个人是说:"啊,也不知道是怎么回事,我本来学习成绩很差的,但自从我父母买了一个学区房,我的成绩就突飞猛进了。蹭蹭蹭,化学元素周期表、唐宋八大家、唐诗三百首,倒背如流!"

可以想象的荒唐!至少我和我棚户区的朋友们,没有看到过这样的说法。

既然学区房这么有用,那么也许以后我们的数学应该这样出题:

> 女生小李,刚大学毕业,现有15万的存款,她看中一套93平方米的学区房,学区房均价是每平方米66,700元。小李的父母可以借她50万,然后现在银行的利率是3.73%,要分30年还清贷款,请问小李如果想买这套学区房的话,她男朋友需要出多少钱?

你遇到过这样的问题吗?没有?可见学区房也不是那么重要嘛!

男孩女孩不一样

我长大之后,回想学生时代,我发现中国式教育在男孩女孩的自我保护方面做得太少,家长、老师们总是羞于启齿性教育,甚至连中学的生理卫生课都是遮遮掩掩的,让孩子们自己看看书就好了。

家长们总说,以后你就会知道了;老师们总说,长大了你就会知道了。但很明显,我们不知道,所以出现了很多儿童被性侵的悲剧,有很多被新闻,令人触目惊心。

就像我小时候,遇到男女生的生理变化,我的感觉不是好奇,而是惊悚。我初一的时候,有次看到前座的一个女生包里的卫生巾掉到了地上,我的第一反应是害羞,为她害羞,然后我默默地钻过课桌,捡起了那片卫生巾,藏在了口袋里。我藏了一两个月,不敢和家人说,也不敢让任何一个人知道,尤其是那个女生,我怕她如果知道,会因为自己的秘密被人知晓,做一些想不开的事情。

第二天上课,那个女生不像平时一样七点多到学校,而是到了九点钟才来,而那一个多小时,对我来说,更是煎熬,我幻想了很多不好的事情,都是与她有关的。后来知道她只是因为家里的事情迟到，才终于放下心来。

而这，都是因为我们缺乏对青春期男女生生理变化的了解。如果了解了，我们就会知道，这并没有什么羞耻的，更不值得为此做出任何不好的事情。

我不知道别人如何，我在十二三岁的时候，有一次跑步，可能是衣物摩擦得厉害，我忽然意识到我的身体和以前略有不同。但我不懂，更不好意思问别人，只是惶惶应对着身体的变化。初中二年级的时候，有了电脑，终于让我有了一个咨询的通道。那个时候还是用电话线拨号上网，通过一个调制解调器连接。这个调制解调器调听起来很像是法院调解，但在当时，它却是上网必备，也叫猫，而且它每次连接都会发出"吱吱"的声音。听叫声，我们感觉叫它老鼠更贴切，为啥叫猫，可能是从它的英文 Modem 音译而来吧。

所以我有了电脑之后，第一件事就是了解一下困扰我好久的事情。感谢网络，给了我相对准确的答案，告诉我这是正常的生理现象,我终于放下心来,并且从此爱上了跑步。以前的老师,总会在学生不认真听课或者作业没有完成的时候,罚他们去跑十分钟,而我,从初中二年级以后,就觉得这对我来说,不是惩罚,而是奖励。遗憾的是,到现在也没有人告诉我,这样做是对是错,是应该还是不应该,这是教育的缺失!

无论是家庭教育,还是学校教育,对性教育的缺失,可能会让孩子在面对侵犯时,要么是懵懂无知,要么是羞于启齿,任由这些事对他们的身心造成严重的伤害,所以才出现一个个房思琪。

我自己就曾遇到过类似的情况,那时我五年级。我家那时候的条件还比较差,不能在家洗浴,所以我每次都是和爸爸一起去浑堂(公共浴池)。有一次,我不是和爸爸一起去,而是和我的小伙伴小猴子去的。

我们去了我家附近一个叫"肉联厂"的地方,我们到的时候,里面一个人都没有,我俩就尽情在里面撒欢。说撒欢一点也不夸张,因为当时的浑堂,都会有个大池子，对小时候的我们来说，那个大池子，就是类似游泳池一样的存在，我们在里面泡澡，也在里面屏气、追逐打闹，很是欢乐。

我记得清楚，大概十几分钟后，进来了一个男人，大约三十岁。我们发现，这个人一直在盯着我们看，而且在身上涂抹了非常多的沐浴露，他一边看着我们，一边对着自己搓搓搓。

当时我们年纪虽小，但也意识到这是一件不好的事情。遗憾的是，我和小猴子回家之后，谁也没有和家人讲起，因为如果我讲了，我爸一定会说："你为什么和小猴子去？小猴子学习不好，他会把你带坏的。另外，为什么人家盯着你看？为什么是你，不是别人？"

这就是我们传统教育中的遗留问题，一个女生如果遭受侵犯，社会舆论指责的往往是这个女生，而不是施暴的人。我可能做不了太多事情去改变整个社会，但我希望，天下的父母和老师，能够多相信自己的孩子和学生，给他们更多信任，出了事情，不要用厌恶的口气嫌弃受害者，而要包容他们、信任他们，并让坏人得到应有的惩罚。而在此之前，期望父母和老师能够正确引导，告诉孩子什么是不正确的，以及他们应该如何保护自己。

那时候，还有一个奇怪的现象，如果有些孩子从其他的渠道知道了一些生理知识，他们也是不讲的，别人谈的时候，还得装作自己也不知道，可能这样的"纯真"才符合我们学生的身份。

事实上，犯罪分子最爱这样的纯真，他们不会把孩子看成一张不忍心涂画的白纸。老师、家长不教育，莫非等着犯罪分子教育他们？

近几年，随着越来越多社会新闻的发生，性教育逐渐被纳入课本和其他课外书籍，有讲座，有直播，这是好事，说明我们真的在进步了。

教育的本质，还是对人的认知教育，只有孩子们都好了，世界才会更好。

第 3 章
过去的过不去的都是青春

网络真的是对男人太不友好了：没有犯一丁点错的男人，叫"直男"；稍微犯一点错误的男人，叫"直男癌"；经常犯错，犯了大错的，叫"渣男""死渣男"。

更恐怖的是，星座玄学都加入了"鉴渣行动"，比如有位大叔就说，双鱼座的男人，有75%的概率变成渣男。

> 我以一己之力,把自己从一个纯情少年讲成了渣男……

感情的追逐就是一场兵法

我从小就不太会和女孩子相处,我没有太多这方面的天赋,不像我的朋友小夏。

比起我那种动不动就惹恼女孩的"实力",小夏是我崇拜的对象,他懂得如何与每一个女孩相处,是的,不止一个,他就像现在所说的"渣男",和好多女生的关系都不错,却又能让女孩们觉得他很好,这也是一项真本领。当然,说小夏是渣男,这一点我是不认同的,他只是懂得和女生相处,和"渣"还有一定的距离。

  我的另一个朋友狗子就不同,他胆子大,勇于冒险,和我一样,也是属于开窍晚的,所以我们都没有女生缘,我们就静静地看着小夏耍帅。

  小夏好像生来便知道如何与女生相处,他不像我和狗子这样直接,觉得哪个女孩子漂亮或者是可爱,就会直接跑去和人家说话,然后被拒绝、嫌弃了之后,又立马放弃。小夏不一样,他把"距离产生美"运用得炉火纯青。长大后我怀疑小夏其实是看过兵法的,说他熟悉三十六计一点也不为过,尤其在我感情遇到问题时,他对我的帮助,更让我如此笃定。

  记得有一次,学校组织我们去长风公园郊游,一下车,我们就像脱缰的野马一样蹿了出去,小夏不是这样,那天他大概和平时常一起玩的一个女生闹了矛盾,所以他独自一人不紧不慢地下车,不紧不慢地进了公园,又不紧不慢地走到公园里的湖边,坐了下来。他像个思想者一样,不声不响地盯着湖面,一坐就是半个小时。

是的,小夏就是序言里的湖边少年。

我们这群男生就开始嘲笑小夏:"哇,小夏也太厉害了吧,装深沉哎!"

和他闹矛盾的女生自然也注意到了这个情况,而且出乎我们所有人意料,她走到小夏身边,叫上他一起去旁边的草坪坐了下来,开始了让人艳羡的交谈。

这就是小夏和我们的不同。我们不会用行动表现自己的不开心,而是用言语:"咦,你怎么不和我说话了,我哪里做得不好?你说啊!"那时候真是年纪小,还不懂这样就叫双商不在线!

初中时,去 KTV 唱歌也是学生族热衷的娱乐方式之一,也是我们用微薄的零花钱便差不多可以支撑的社交活动之一。那时候,我们会去 KTV 开一个三人间,说是三人间,但挤下七八个人也没问题,而人多的话,均摊费用便会少很多。所以我们每一次出去唱 K,都会呼朋引伴,小夏便会经常组织这样的活动。

"来来来,徐风暴、狗子,我们去唱歌,给你们介绍两个女生认识一下。"

我和狗子一听,自然来了精神,于是就去了。但去的次数多了,我俩也总结出了规律,那就是那些名义上介绍给我们的女生,最后都成了小夏的"好妹妹"。当时的女生们认为小夏是"会唱歌的古天乐",才华和颜值都在线,我们不服也是不行的。

难得的是,小夏不仅女生缘好,其他方面也很全能,他有经济头脑,有才华,唱歌好,长得帅,连我们男生也不会排斥他。他也是我生命中比较重要的一个朋友,在我成年之后,依然给我很多关于情感方面的指导。

人间童话与母胎 solo

再说回狗子,学生时代的狗子个子比较矮,心智也成熟得比较晚,所以他每天最爱做的事就是去挑战极限,做一些冒险夸张的事。直到高中,他突然变得高大，才开始有了女生缘。

这也算是一个普遍的现象了，狗子高中时期做的一些事，妥妥的一个社会小混混，但就像老话说的"男人不坏女人不爱"，这样的他，竟然开始有了女生缘，也挺不可思议的。

狗子比我狠，也更叛逆，碰到有好感的女生，他便用尽一切办法去打动别人。

高中时，我家对面有个女生叫小芳。狗子有一次来我家玩，见到了小芳，从此便开始了一系列试图引起女生注意的动作。丢纸条、喊话，等等，都试了一遍。最疯狂的一次，他愣是顺着楼的外侧从一层爬到了三层，从小芳家的窗户爬了进去。当时小芳正在窗口做作业，被吓了一跳，还好没有发生什么意外。狗子倒也没有干什么坏事，他只是和小芳聊了两句，然后又从三楼爬了下来，完美演绎了一出"浪漫"的恶作剧！

狗子现在已经结婚生子了，妻子不是小芳，而是他的一个高中同学，他们从高中相识，毕业后开始相恋，最后走入婚姻殿堂。这对作天作地的狗子来说，似乎有点不合常理的童话般的美好，但事实就是这样，狗子与他真正的初恋相处至今，是比小夏更让我羡慕的美好存在。

我还有一个朋友，老呆，也是我们共同的朋友。

老呆，人如其名，喜欢游戏、漫画，标准的宅男。高二时他才十七岁，然后就退学了，开始工作，也像真正的社会人一样，觉得自己可以找一个女朋友了。但真的很遗憾，老呆今年三十三岁，工作十六年，至今单身，把母胎solo（从出生开始一直保持单身）保持得很好。

老呆现在绝对不是异类，相反，很多人像他一样，总是宅在自己的世界里，虽然自己也知道应该走出固定的小圈子，但却很难做到。

老呆二十岁左右时，事业曾做到巅峰，当时他是某个体育品牌的区域副经理，认识了一些女生，甚至也尝试过和女生约会。比如有一次，他约见一个女生，见面后氛围很好，彼此的第一印象都不错，但几分钟之后，老呆就开始和女孩聊起了游戏，最后两人不了了之。大概一个人的世界待久了，老呆的想法也变得与众不同，他还曾因为和女生约会两次却没有牵手，便觉得"不合适"，马上给对方发了短信，结束了尚在萌芽中的一段关系。

就这样，老呆放弃了女孩，从二十岁开始便过上一个人的直男生活，靠打游戏和网上教人学日语生活，彻底放弃了与他人接触。

他妈妈也会担心他，会念叨他，念叨多了，他甚至会去看一些PUA（原指不断自我完善情商的男性，后来泛指对异性诱骗洗脑，让异性着迷的男女）教练的"技巧"，并企图去线下实践，获得成功。老呆的想法是好的，无奈现实实在支撑不了他的梦想，他的实践活动，常常都是翻车现场。

老呆和被人PUA的女生一样，遍体鳞伤。

但老呆不在意，他十七岁的时候曾说："等我工作后有钱了,自然可以找到女朋友。"

二十几岁时他又说:"没事的,等我多工作几年,社会阅历丰富了,自然就好了,毕竟男人到了三十岁才有魅力。"

如今过了三十岁,他又说:"这个,无所谓的啦,感情的事情,稍纵即逝,有就有,没有就没有了……"

我听说,人的性取向,除了分为异性恋、同性恋、双性恋,其实还有一种,那就是无性恋,英文表达Asexual,老呆恐怕就是这一类。任何人,无论是男性或女性,都不能激起他们的情感需要。

我怕她们被我的才华感动

我和他们都不同,我既没有小夏的高情商,也没有老呆的直男癌,我是他们的中间类。

我比较自恋,又勇于尝试,但我又不像小夏那么敏感、擅处世,不像狗子那么莽撞,也不像老呆一般无所谓。我更像学校里为数众多的中庸的男生,渴望与看着顺眼的女同学接触,却又常常不得其法。

我记得我小时候,接近女生的方法,就是从了解她们喜欢什么开始。和她们一起追星,绝对是接近女生的好方法。我买的第一盘磁带是林志颖的,对,那时候还是用磁带,无论是学英语还是听音乐,都是磁带,将它们放入随身听(一种音乐播放器),可以快进和后退,下次如果我写一本徐风暴版的《资治通鉴》,它们应该都会被收录其中。

我上小学的时候,很喜欢和邻座的女孩子讲话,她喜欢林志颖,还介绍我认识林志颖,于是,我也喜欢上了林志颖。那是我人生第一次知道,原来女生挺可爱的,她们和我们是不一样的。我也想和女生说话,而不是只拥有狗子这样的朋友就足够了。

我觉得这是孩子大脑发育的一个过程,但我既不是心理学家,也不是生理学家,更不是儿童心理专家,我只是从自我来分析总结,可能男生到了十一二岁都会出现性别的意识,为青春期的萌芽做好准备。

就这样,我一路喜欢着女孩喜欢的林志颖、范晓萱,但始终没有女孩喜欢我。

还记得我被拗分之后,校长拿到的情书吗?那不是我第一次写,也不是最后一次,我给我们的班长写,给语文课代表写,但那时候我又想太多了,怕她们被我的才华感动,于是,我的情书便是我一个人的情书,我总是藏着掖着,不让她们知道。

我从小便觉得自己是个非常厉害的人,连送情书,也应该像金庸小说中的大侠,英姿飒爽。比如,我会在上课的时候,给班长或者语文课代表写一封情书,然后故意和老师吵一架,老师便很生气,让我去校长办公室。我就可以站起来,说:"老子不上你的课了。"然后背上书包,潇洒走人,路过班长或者语文课代表的课桌时,"啪"的一声,把情书拍到她的桌上。

我幻想着语文课代表会像电视剧里演的那样,从此爱上了我这样一个"世界上最坏的男人",就像穆念慈深爱杨康一样,而且全世界都知道她要和一个坏男人在一起。

后来,我还真的在现实中照着幻想演练了一次。第二天去上课的时候,我问其他同学:"嘿,你知道班长看那封情书了吗?"

同学们哄堂大笑:"她没看,不过我们都看过了。你好好笑,还会写诗句哎,还引用李商隐、海子!"

这就是我的真实经历,我觉得我是痴情的、浪漫的,但很显然,我身边的人,却都认为我比较傻。这是当时对我打击比较大的事情,至今难忘。

魔镜魔镜,谁是世界上最帅的男人

我们都知道,其实追女生,不仅要投其所好,喜欢她喜欢的,还要在自己身上花心思——打扮自己。男生的吸引力不是揽镜自照的时候,而是让别人觉得你有吸引力。你可以文质彬彬,可以满腹才华,我相信没有任何一个女生会觉得男生一星期不洗头也很帅。

当然,我是洗头的,但女生眼中的我仍然是邋遢的。

女生喜欢整洁的男生,这毋庸置疑。当我还在中规中矩地穿着妈妈给我买的清一色的运动服时,小夏已经知道在头发上喷啫喱水了。都说男人三分看长相,七分靠发型,小夏就深谙其道,发胶、发蜡之类的定型装备,让他看起来神采奕奕。

想象一下,二十个男生,有十九个人都穿着脏兮兮的、带着汗渍和篮球印的运动服,头发乱糟糟,汗臭熏天,只有小夏一个人干净整洁地站在他们中间,很难不出挑。而我,作为那十九分之一,也很难出挑。

虽然有人会说,好看的皮囊不如有趣的灵魂,但我们二十个男生,即使会有四十个有趣的灵魂,但又能怎么样?无论什么时候,外貌都会给人最直观的印象。

所以我觉得,男孩在学生时代,保持干净整洁就够了,等步入社会,再花时间打扮一下自己。不一定要去赶什么时髦,但要勤换洗衣物,在条件允许的情况下，穿一些适合自己的、时尚一些的服装，也无可厚非。

十几岁是人建立自信心的非常重要的时期，所以，好好学习和打扮自己并不矛盾。良好的生活习惯，赏心悦目的外表，不仅会让我们更加自信，也会让我们在以后的人生中都能保持住好的习惯。

比如我的朋友们，十几岁邋遢的，现在依然很邋遢；整洁的小夏，现在依然很整洁。

男生有一种莫名其妙的自信，我们会觉得，每次打完篮球，大汗淋漓的时候，是自己最帅的时候，充满男性魅力。所以这时如果碰到女生，我们不会心虚地避开，相反，会凑上去，不知趣地搭讪。

长大后才发现，这是多么愚蠢又可爱的行为。

那时候年纪小，不知道什么是时尚，也不知道如何让女生看我们顺眼一点，总是自以为是地去追求潮流，把自己"作"成了一个又一个笑话。

大概2000年左右，上海流行立领的穿法，穿衬衫或者 Polo 衫时，如果不竖起领子，那都不叫潮。最有意思的是，即使我们穿的衣服是无领的，也会买一个假的领子穿在里面，以达到立领的效果。只有这样，才气派得像个爷们儿，似乎扛得起所有的风雨。

于是我也这样尝试了，并且感觉自己很帅、很潮，穿这么帅去打篮球，一定会得到很多女生的喜欢吧？但事实是，没有，一个都没有。

你以为，我以为

那时候，除了开始花一点点心思打扮自己之外，我还琢磨着如何和女生成为朋友。

距离我家半站地的地方，住着一个女生，她也是我的同班同学。不过那时候我的同学大多住在附近，只有少数几个比较远，我们暂且叫那个女生 Jie。

我和她坐过同桌，像朋友一样，也会去对方家里玩，双方父母都很熟。我们也会拌嘴，俨然是青梅竹马的好伙伴。同学们调侃我的时候，也会默认我们是类似男女朋友的关系。

一天，我问她："我们出去玩吧？"

Jie说："不去，我要学习！"

我着急了："你竟然不陪你的男朋友？"

"谁说你是我的男朋友？"

就这样，我自以为是的一段关系，又夭折了。

从此，我和Jie就不说话了，但小夏还和Jie说话。

这也是我佩服小夏的地方，他和哪个女生都说得上话。

小夏还有个厉害的地方，那时候校园里流行看《流星花园》，一个中国台湾的偶像剧，里面有四个男生，F4，贵族学校里又帅又有钱的学生。据我所知，那时候，不仅是中学生，连大学生也很迷F4的，而且好像每个校园里，都有人把自己学校的风云人物拉出来组一个F4组合。

小夏就是我们学校的F4之一，他是我们学校的"朱孝天",这也成了他的代号。而我不一样,我的代号是"曲波""刘翔"这类体育明星,我感觉这也挺好啊,但我的同学们说——主要看脸。所以在同学眼里,我就是长得像他们却又没有他们那种运动才华的人。

就这样,在傻得可爱又莫名自恋、向往美好又装作不屑一顾的状态中,我完成了初中生活,进入了高中。

十六岁的花季

相信我的同龄人,很多也都看过《十六岁的花季》,讲的是一群刚上高一的孩子之间发生的故事。我向往他们那样的生活,于是进入高中之后,我没有想要奋发图强,考上好的大学,而是下定决心,认为自己应该努力一下,追个女生。

我再一次认识到,要想成功和女生成为朋友,一定要和她们有共同的兴趣爱好。

以我粗浅的人生阅历来看,男生如果想讨好一个女生，一定要和她们聊星座、塔罗牌，这是不二法门。成人世界应该也是一样，如果一个男人对一个女人说："你是什么星座的？"那么女性朋友就要小心咯，这个男人，可能会"图谋不轨"。

高中时候的我也是这样，我们班有个女孩，叫Becca，当时我还叫Rabbit，但不妨碍我想多了解她一下。

谢天谢地，她也喜欢听歌，刚好，我也喜欢。我一开始喜欢林志颖，后来受我表哥的影响，开始听摇滚，Beyond、零点、黑豹，还听周杰伦、罗志祥、王力宏……Becca喜欢的是五月天，一个中国台湾的乐队。

我觉得我也要听五月天，不仅要会唱五月天所有的歌，还要找机会去Becca面前炫耀一下我所了解的五月天，和她有共同话题。

比如她问我："明天是什么日子？"

如果明天要考试，我就可以卖弄地说："明天是期中考试，不过，明天也是五月天主唱阿信第一次登台演出的十周年纪念日。"

我当时觉得这样的知识，简直可以让任何一个女孩仰慕。但现实是，有一次，我如此卖弄的时候，她说："你看的都是假新闻，并不是事实。"

再一次卖蠢成功。

但五月天依然是我们的话题纽带。

我上高中的时候，五月天很受欢迎，他们也经常来上海开演唱会，还会有现场签名等一些活动。所以，我立志要努力，去给 Becca 拿到五月天的签名，或者他们的周边产品。我觉得这些偶像剧中的情节如果发生在我和 Becca 之间，她也一定会被我感动。

机会还真的来了，高一结束的那个暑假，五月天即将在上海大剧院外面开一个新专辑签售会。我急于向 Becca 证明我的诚意，于是我说："这样吧，Becca，五月天的签售会，你不要去了，我去帮你拿到签名。"

如果现在一个男孩这么和一个女孩说，我怀疑他会被女孩打死。但那天 Becca 真的没有去，甚至都没给我机会解释一下，我是因为担心她中暑，这是个多美好的理由啊!

那天我八九点就过去排队了,先是付钱买专辑,再排队等签名。五月天实在太受欢迎了,我排了两个小时,队伍几乎没怎么前进。那天的上海,气温有三十七八摄氏度,我还穿着很有派头的立领,觉得整个人都很乌苏(燥热、闷热的意思)。

我开始怀疑自己对 Becca 的喜欢程度,以及拿到签名的决心,并且,最重要的是,我想,我是不是可以模仿他们的签名。

于是,我的小聪明又上线了。

我跳出队伍,拿出买的两张专辑,在上面模仿了一个签名,准备送给 Becca。我甚至已经想好了,如果她询问我当天的细节,我可以一丝不差地给她还原排队的细节,她肯定猜不出我做了什么。

开学之后,我把两张专辑递给 Becca,还卖了一个关子:"你看,我去了,还拿到了签名,你要吗?不给你!"

在她的兴致被调动起来之后，我才慢吞吞地从包里拿出专辑，递了过去。

没想到她一看就毛了："你搞搞清楚，徐风暴，你确定这是五月天的签名吗？你知不知道，五月天是一个组合，是五个人的签名，不是'五月天'三个字好不好！"

我当时就蒙了，这就像我去找勒布朗·詹姆斯要签名，他给我签了一个洛杉矶湖人队。我的脸一下子就白了，说不出话来，Becca 也回到座位上，开始上课。

然后她给我传了一张纸条，上面写着：

"你真坏，你去死吧，你不配当五月天的歌迷。"

"插完刀"之后，Becca 就很少再和我说话，加上后来她去了理科班，我去了文科班，我们的联系也就越来越少了。我只好开始寄情于篮球。

但我觉得，她一直留在我的记忆中，我甚至把我的支付宝密码设成她的生日，却不告诉她，还自我感觉这是我喜欢一个人的方式，真是又傻又纯情。

当时班里也有两个对我感兴趣的女生,但后来我才知道,她们只是觉得这样坏坏的我看起来还不错,却不能开口讲话,因为我一讲话,就显得很傻。

恋爱也需要指导

我一直觉得,在学生时代,无论男生女生,都在试图探索彼此间的不同,相互试探,有时喜欢,有时讨厌。

我们常常没有自己的判断力,会被一些"伪概念"洗脑,比如大几岁的人会对我们说:女人都是物质的……她们现实,她们无理取闹,她们……

但事实并非如此!

那时候,我会写一些说唱歌词,为赋新词强说愁,现在看来会觉得:"哇,我以前好不懂事啊!"我可能会把我的粗鲁、乖张、不守规矩归咎于别人,但理性来看,这并不是男人应该做的。

小夏就不会如此，他的性格一直很好，他知道过激的行为和语言并不能解决实际问题，反而只会让自己显得很傻。但我不懂这些，我一旦遭到女生的拒绝，就会在歌词中展现内心的暴力和对女生的仇视。

直到现在，我的身边都缺乏这样一个人，对我进行情感指导。偶尔我爸会说一两句，但他本身也是一个矛盾的人，更没有多少这方面的经验，和我妈关系好的时候，他会对我说"女人嘛，你就哄哄她咯"，和我妈吵架了，他会说："女人，你就别理她！"

我爸的全部经验都来自我妈，他们那个年代，恋爱结婚都不像现在，当时弄堂里除了我妈没有其他适婚女性，所以他只能找我妈了。那个年代，他们如果过了三十岁还不结婚，别人肯定会说，他们是不是心理有毛病，或者身体有毛病，不然为什么过了三十岁还不结婚？他们也不能像我们现在一样，无畏邻居的目光。所以，多数人都按部就班地过着循规蹈矩的生活，很少有活得很自我的人。

我妈也给不了我什么经验,她和我爸都是初恋。尽管在她年轻时候,也对爱情有着向往,但终究抵不过现实,顺理成章地找到我爸,顺理成章地结婚,不需要什么技巧,不需要耍心机,就能组成一个家庭。

但现在不一样了,像有恋爱心理学一样,我们需要一些相关的专业指导,不然我们永远不能变成一个完美的自己,甚至可能像老呆一样,死宅一生。

生命中,有些人恰不逢时

人与人相处的时机,其实也非常奇妙。

说起来,在高中的前期,还有一个女生小Z,好像对我有那么一丝丝好感。那时候还没有移动电话,家里装上固定电话,已经是豪阔的表现,毕竟那时候一般工人的月收入只有一两千元,而装一部座机,便需要四千元。

我爸给家里装了座机,我就开始每个周末都很期待小Z打来的电话。但那时候,我和Jie还不错,所以,对小Z的来电,我虽然开心,但更多的可能是接电话的喜悦,而不是对电话线那一边的人。

如此几周之后,小Z好像察觉到了我有点心不在焉,便中断了我们的电话联系。

后来小Z喜欢上了一个玩摩托车的男生,这个男生住在广州,于是,小Z退学,义无反顾地去了广州。

直到她走后,我才意识到,我可能失去了生命中很重要的一个人,一个可能会很理解我,很包容我,甚至是主动找我的人,她是迄今为止,第一个主动找我的人。

当我意识到小Z也很可爱的时候,却只能从朋友那里听到一星半点关于她的消息。我加了她的QQ,常常等着她上线。有一次真的碰到了,我很开心,主动问她:"你在广州啊,最近怎么样?"然后她就用"对""还行""嗯,嗯,嗯"来回复我。

我察觉到她的敷衍,就说:"你怎么不关心我呢?"

那边打来几个字:"我是她男朋友。"

尴尬地聊了两句之后,我再也没有和小Z聊过天。

可能这就是生命中的遗憾吧,一些人,就是没能在合适的时机出现。

我常常会有这样的无奈,好像在我和女生的相处中,总是不能意识到别人的示好,而我的示好,别人也感受不到。

大概因为我总是一个人在表演,内心已经轰轰烈烈地演了八十集,表面上却还是云淡风轻。渐渐地,越来越没有人喜欢我,我也越来越疏远自己,放纵自己在球场上挥洒精力。

老呆这时候已经退学,小夏学习成绩不错,在为考大学做准备,只有我,浑浑噩噩,放弃了大学,也放弃了入学时候的宏愿。

好在,我一直认为自己有点才华,喜欢游鸿明,会写情歌,会弹吉他,虽然我从来没有学会哪怕一首完整、复杂的曲子。超过四个和弦,我的手指就无法协调了。但这不妨碍我认为自己有才华，我坚信，如果我进入社会，一定会被认可，我也会真正拥有一个女朋友。

那些年，犯过的傻

年少轻狂的时候，我为了吸引女生的注意力，犯过好多傻，比如前面提过的，我打篮球，然后在操场上耍帅，抱着篮球、满身臭汗，路过女生时，我自以为帅到炸裂，连女生捏着鼻子跑掉，都觉得她们是被我帅哭了。

我还学写情歌，学弹吉他，我不仅崇拜游鸿明，想像他一样背着吉他去流浪，还想像周杰伦一样，一只脚支起来，然后抱着吉他唱情歌，可以帅人一脸血。无奈，天生的手脚不协调，让我一直没有成功耍这个帅。

我从 Jie 讲到 Becca，讲到小 Z，凭实力，成功把自己塑造成了一个渣男，但说真的，我一直连女孩子的手都没有牵过，一次都没有。

弹吉他不行了，我就去打网游，觉得网游打得好也行啊，于是，废寝忘食开始新一轮。但后来身体又不行了，继续回去打篮球，锻炼身体。

我还学过模型飞机，以为女人都喜欢聪明的男人。一共十二节课，第一节课讲电学，我学习不好，所以压根没有听明白，直到十二节课上完，我依然没有弄明白。同学的模型飞机都已经上天了，我还在想这个电池为什么会这样。为了不浪费我妈给我的学费，我买了一个别人做的飞机模型，假装是我的，消除一点心里的罪恶感。

我还去学改装自行车，但最后除了打篮球，没有一件事情是我坚持到底的。

其实像动物一样，雄性天生有一颗吸引异性的心，要么决斗，要么开屏。我还没有学会决斗，所以我选择开屏。

小夏就比我聪明,这一点毋庸置疑,他也去学吉他，但可能我们弄堂里的人,都没有这方面的天赋,他同样学不会。但他去打了两个月的工,然后雇人为他弹吉他,这个办法真是太好了!

当时,我们已经高中毕业,一起去学日语,小夏为一个女生准备了一次小有排场的惊喜。我开着车,狗子是搬运工,小夏就负责在楼下献唱。狗子力气大,还兼职爬墙。小夏请了两个乐队成员,我们一起去了女生所在的外国语大学。

我们和门卫大叔说,某某同学要离校了,我们去帮他搬运东西。于是顺利进去,快速搭台,吉他、键盘手就绪。

小夏就是有这样的魅力,连我和狗子这样的人,都心甘情愿为他奔波,甚至超过我任何一次追女生所花的心思。

吉他弹到一半,女生回来了,小夏就开始唱日文歌,这是他精心准备的,我记得是《东京爱情故事》和《求婚大作战》的插曲,虽然我听不懂,但感觉非常应景。

小夏的歌声不错，请来的两位助演也不错，所以，小夏成功得到了女生的一个吻。

我们是兄弟，所以我和狗子搬着东西知趣地提前离开了。

小夏的功力仍在一天天地增加，而我和老呆，却好像永远在原地踏步，并各自迎接着其他的烦恼。

第 4 章
我是一个社会人

我爸妈六七年前常常催我结婚,最近他们不催了,我很奇怪,莫非他们发现了什么……

其实我不结婚不是因为太帅不知道选择和谁结婚好,而完全是因为我太有责任感了!

因为我每天看着自己的银行账户就想:"哦,孩子到两岁半就饿死了……"

> 不管我愿意还是不愿意,我依然毕业了,成了一名新鲜的社会人。

工作改变人生

我爸妈虽然对我的学习没有太多的期待,但当我真的毕了业在家里晃悠的时候,我妈还是建议我去复读,毕竟大学文凭是找工作的敲门砖,她怕我找不到工作,所以让我去复读。我答应她,再去复读半年。

为了让我去复读,我妈做了很多工作,她拿了很多学校的照片让我挑,我比对了一下,选了一个篮球场最大的学校。于是,我又重新背上书包,来到学校的篮球场,打打球,上上网,很快半年就过去了,然后参加春考。显然，成绩不可能会有进步，我爸妈也终于想通了，接受了我不大适合读书这个现实。我爸妈虽然身处上海这个大都市，但在见识方面，和中国大多数普通父母没有什么差别，他们也不知道如何规划我的未来，所以，干脆放任不管，让我就那么混了一段日子。

我刚毕业的时候，上海的商品房也开始被热热闹闹地炒起来了，我爸妈就向我小姨借了一笔钱作为首付，买了个新房。

现在回头看，我小姨对我家的帮助不只是借钱买房，在这之前，我爸已经成了国企改制下的"失业大军"中的一员，单位付了我爸一笔钱，买断了他的工龄，他便提前退休了。而我小姨那时候自己开饭店，便请我爸去当总经理，多少缓解了我家的经济危机。所以我爸妈那时候忙着工作赚钱，好早点还钱给小姨，没有多少时间管我。

所以我想，我也去工作吧，工作会改变人生。我不仅要去找工作，还要证明给我那些读大学的朋友看看，用读大学的时间来工作，将来会得到更多的回报。

我锁定的第一个行业，还是我热爱的运动周边，我打算去运动品牌试试，某N、某A以及某Air都是我的目标。

国内的运动品牌在十五六年前已经拥有普通工薪家庭望尘莫及的价格，和快餐行业的某K和某M一样，在当时，是高消费群体的选择。

而我，喜欢打篮球，喜欢乔丹，我就想去他的（品牌）店里工作，然后听着他主演的电影《空中大灌篮》的主题曲《I Believe I Can Fly》，我觉得我的人生就会圆满了。而且，他们员工的工作服也是店里的品牌，这对自小就崇拜乔丹却又囊中羞涩的我来说，就是实现了梦想。

我觉得自己和其他人一样，用崇拜来支撑工作的热情。崇拜马云的人，去了阿里巴巴；崇拜马化腾的人，去了腾讯……

我喜欢乔丹,所以我来了。

骨感的不只有现实,还有梦想

但现实与梦想,总是隔着千山万水。如果大家对运动品牌稍稍有一点了解就知道,对一个高中刚毕业的毛头小子来说,一下就进入这个几乎是最高级别的运动品牌工作,几乎是不可能完成的任务。所以,我有点小心虚,觉得我还是要先从其他的运动品牌干起,才有可能离梦想更近一步。

那时候对于找工作,我还是一头雾水,不知道怎么投简历,也没有人给我这方面的指导,可以说,一切都是未知,一切要靠自己摸索。

那时,58同城、51Job、智联招聘一类的招聘网站,也开始渐渐流行,但我没有任何优势,毕竟强大的筛选功能,会让大多数企业拒绝我这个高中毕业生,剩下的,是一些薪水很低或者技术性要求较高的工作。

幸好，我的目标就是零售行业，一个我感觉不大需要高学历的地方，于是，我优先选择了一家国产运动品牌某 P。我也没有通过网上招聘，而是看到他们有一家代理公司的招聘消息，就打电话过去。

应聘自然要带上自己的简历，我学历不够，只好用经历来凑。于是我把我所能写的，所有的看似优势的项目都写了上去，比如我打篮球获得了什么奖、对运动品牌了解多少、看了多少场 NBA 比赛、最喜欢的足球运动员是谁、最喜欢的田径运动员是谁……我还研究了一下他们的企业文化，摘抄了其中的精髓段落，来丰富我的简历，试图让它看起来有一点点竞争力。

不过，好像我的所有准备都没怎么派上用场。

面试官给我的考察，是做一套智商测试题。这也是让人惊讶的地方，貌似国内很多企业的应聘都把门萨测试纳入必考项目，但当时我不知道多少分才是他们的准入门槛。后来有人给我解惑我才知道，原来智商高的人并不是他们的最佳选择，因为在服务行业，会协调团队、善于处理问题的，才是真正的好员工，而智商高的人，往往行为比较乖张，反倒并不合适。

也许我就是那个智商高的人！因为我每次做那些门萨测试题都能做到 141 ~ 147 分之间，就这样，某 P 和另外两个品牌都把我拒绝了。

我当然可以理解为这个原因，但更大的可能，恐怕还是那时的我没有任何社会经验，那些看起来普通的问题，却是在测试我的思考能力和处理事情的逻辑，以及是否能很好地进行团队协作，我的答案显然不够成熟，才会被拒之门外。如今的我已经能够清醒地认识自己，我不是一个和谁都能很合拍的人。

我还记得第一次面试，面试官看着我的简历，说："哟，小伙子是上海人啊，高中毕业，做什么不好，竟然也来做服务行业。"

我当然不能说我只想把这个工作当作跳板，所以中规中矩地回复说："哦，我就喜欢这个。"

面试官也没发现什么不对，一直表扬我，还说上海人很少有吃得起苦的,像我这样能吃苦的上海年轻人已经很少了,巴拉巴拉一堆赞美。

但他的表扬并不能让我成功入职,我还是接到了他们的拒绝电话。不过也没有太多的遗憾,他们一定是不忍将我的才华埋没在他们的平凡之中,所以才拒绝了我。毕竟,连他们店里播放的音乐都没有我幻想中的《I Believe I Can Fly》,而只有凤凰传奇、雪村或者跳舞机里那些和迪厅一样的音乐,要么就是M2M的《Pretty Boy》,这些都不是我喜欢的。

我爸对此却很恼怒,他对我说:"你大学都没有读过,还想找什么工作!以后别人开会你都听不懂,知道吗?!"

我安慰他:"不要慌,爸爸,以后我总会有自己的路要走的。"

我觉得我不能再这样自轻自贱(请原谅我当时只能想到这样的词),我应该去更高一级的品牌店,而不是瞄准适合初学者的地方。找工作就像谈恋爱,是一个双向选择的过程,如果自认为条件不好,而去找同样条件不好的另一半,就会限制我们的认知与视野,那么很可能就永远跳不出这个"条件不好"的圈子。

两千块,够吃一辈子了吧?!

想通了之后,我开始投简历给国际知名运动品牌,打算让自己有个高的起点。当时的国际品牌,无论从待遇还是工作的体面程度,都是服务零售业中的翘楚。不值一提的是,我投过两个简历,面试都成功了;值得一提的是,这两次,我都是被解雇的!

第一家,也是 P 打头的一家知名运动品牌。我刚投简历过去,就有了电话回应,我当时非常兴奋,虽然它离我的梦想还差了那么一点点,但毕竟也是个国际大品牌了。那时我刚过完十九岁生日,算起来,这应该是我第一份认认真真的工作,非常值得我珍惜。毕竟,从小到大,我除了曾在小姨家的面店里帮忙(而且还因为和客人发生矛盾,所以只帮忙了两天)之外,没有其他的工作经历。这一次真正靠自己找工作,独立面对外面的世界,是一种很不一样的新鲜感。所以我决定,一定要展现自己的出色,才对得起我长久的纠结与努力。

然而,也是在上班的第一天,我认识了店长和副店长之后,便打破了我对运动品牌长久以来的虚幻想象。那是两个比我年纪略大的女生,我原本期待从她们身上学习一些经营管理之道,但听到的却只是一些明星八卦,这些话题对当时的我来说,枯燥无味透了。我以为运动品牌店的店员,在店里的时候也应该是在做运动的,跑步、俯卧撑,最起码也要练个拳,聊八卦和运动品牌实在太格格不入了。

所以我从不参与她们的话题,而是认真学习产品的标码、质量、产地等专业知识。如果有客人来,也是我上前给他们介绍。不过每次我介绍完,客人都会说:"哎哟,你们这个鞋子,听上去好像并不是特别好啊？性价比不是很高的啊！"

我就会诚实地附和:"对对对,我们这个品牌就是这样的性价比,你要是想性价比更好一点,可以去前面拐角处,某 Air 家。"于是,我成功地为心目中的品牌"带盐"了 N 次。

所以我的营业额不高,也是正常的。

店长和副店长也很快意识到我和她们大概真的不一样,所以,在还没过三个月试用期的时候,我就收到了一个来自总公司的电话,对方婉转表示我不是很适合他们公司,希望我另谋高就。但令我开心的是,我的月薪有两千块,他们如数发给了我。那是我的第一笔工资,也让我觉得我已经比那些还在伸手要钱的同学高明了很多,毕竟,那时候的牛肉拉面四块钱一碗,两千块可以吃好几个月拉面呢。当然,那时的我并没有意识到,这两千块并不是一个月的收入,而是要算上找工作的半年时间。

于是,我靠着这两千块,又混吃混喝了几个月。

梦想还是要有的，也许一不小心就实现了呢

但两千块并不能真的用上一辈子，在吃饭和网游用掉了我所有的积蓄之后，我还是需要再去找工作。

再一次走上投简历—面试—工作的道路。这一次，我离某 Air 更近了一步，我把简历投到了它的母公司某 N。有了前面的一个月类似的工作经历，这一次的应聘非常顺利，他们听着我"夸夸其谈的想法"，觉得我是个非常上进的年轻人，便顺理成章地录用了我。

于是，我又开开心心地去上班了。这一次，即使我和他们依然没有共同话题，但我也告诉自己，做好自己就行，不用迁就自己去附和他们。到了店里，我发现店长他们看起来很是和蔼可亲，真是意外之喜，所以，我便放下了戒心，很多关于工作的想法也会直言不讳地和他们说。

但现在回头看，那时的我，一个刚刚高中毕业的新人，与在社会上摸爬滚打了几年的社会人相比，真

是幼稚得可笑。店长、副店长面对我的时候，一副笑嘻嘻的模样，但他们心里恐怕早就笑翻了。

于是，仅仅几个星期之后，我再一次惨遭解雇。

虽然我是个内心比较强大的人，但两次的解聘经历，也着实给了我不小的打击，我的内心是有点崩溃的。

我不知道那些年长我很多的人，这样对待当时还算是一个孩子的人，事后想起来是会后悔，还是会享受权力带来的快感。但对我来说，这两次却是一生都难以忘记的失败经历。

我还记得我的梦想，是去某 Air 工作，但还没实现梦想的时候我就折戟了，我是一个废人吗？

我开始怀疑自己的能力，也是第一次，开始怀疑自己是否还能实现梦想。

就在这时，我想到了我的好朋友老呆，你们是否还记得他？

找过工作的朋友都知道，对求职有帮助的，除了工作能力和阅历之外，还有一个重要的四字箴言，那便是——认识熟人,所以,老呆可以出场了。

无论在什么时候,有熟人帮忙介绍工作,都不算一件值得羞耻的事情,在我们的生活中,如果有两个人,能力和学历不相上下,那么胜出的,一定是人脉更好的那一个。这无可厚非,"举贤不避亲",自古有之。当然,那些没有能力的人却占据着好的位置,那叫"以权谋私",另当别论。

所以我找到老呆,他那时候已经在各个运动品牌间混得相当不错了,而且他还有个表哥,恰巧就是某Air中说得上话的人。于是我直接给他打电话:"兄弟,听说你现在混得不错,我也想找个某Air的工作,你看……"在我的各种明示、暗示之下,老呆真的把这事儿办成了。几周后,我收到了某Air的电话Offer,让我去面试。其实我知道,看在老呆和他表哥的面子上,面试也只是走个过场,我等着入职就好。

后来我发现果然是这样的,因为他们招聘的条件是:有三年以上零售行业经验(最好是国际知名品牌);

有××业绩；年龄在二十二岁到二十五岁……以上条件我都不能满足。

再见老呆时我问他："嗨，兄弟，你这么快就帮我搞定了工作，你为什么这么愿意帮我？"

老呆说："嗯，对，因为你是高中时代唯一一个和我学习一样差的人。"

……呃，大概也只有差生才能理解那种需要工作的迫切心情。

但不管怎么样，我在不到二十岁时，实现了去某Air工作的梦想，这就是一件值得庆贺的事，毕竟也不是谁都能在二十岁时完成曾经的梦想的。

史上第一短梦

第一天上班，我一大早就起床了，然后在我爸鄙夷的目光中，告诉他"我要去工作啦"，就一路飘出了家门。

可能因为我居家的日子实在太久了,久到我爸对我去工作这件事情充满了怀疑,他以为我又出去瞎混了。

但不管我爸怎么想,我都来到了我的梦之地报到。这是一家刚刚开业的小店,是商场里的一个铺面,离我家并不远。

因为很小,又是刚开业,所以整个门店只有店长一个人。店长是个年轻男人,瘦瘦小小的,看起来略微有点萎靡,让我印象深刻的就是,好像他的双眼永远堆积着眼屎,在我这样一个邋遢的人看来,都有点难以忍受。

例行的晨训过后,店长问了我几个简单的关于品牌的问题,之后我的第三份工作就开始了。店长也像他说的一样人性化,满足了我边听着《I Believe I Can Fly》边干活的梦想。那时候我想,即使让我去开飞机、去做宇航员,我都不会去,因为我热爱我现在的工作,我开心到可以让自己飘起来。

大概对我来说,这一份工作,至此已经圆满。所以,接下来的梦想破灭就一点也不意外了。

事情是这样的,那天没什么生意,所以我和店长就偶尔闲聊几句无关痛痒的话题,之后他对我发出了"一起下去抽根烟"的邀请。

这时的我,已经"经历过职场的磨炼",陪领导抽烟这种事,再正常不过了。所以我们一起来到了楼下,谁也没有去管那个空无一人的门店。

店长递给我一根烟:"小徐,你平时喜欢玩什么?"

我便说了我喜欢篮球,喜欢听歌,诸如此类。于是我们的话题继续,聊一些学校的事情,忽然他问了我一句:"你平时会去'开会'吗?"

开会?我以为他在考验我的工作能力,于是踌躇满志地说:"可以的啊,加班工作也是可以的,我很喜欢这份工作。"

他听了我的话,反问一句:"'开会',你不会不知道是什么意思吧?"

待我再要追问,他却已经笑了笑,转身离开了。

我想，我怕是误会了一些什么。于是，我又给老呆打电话，并从他那儿得到了答案。

原来，在那时的上海，"开会"是年轻人中的一句黑话，类似于一群人下班之后去混夜店、泡酒吧，甚至聚在一起吸毒。现在的上海，应该已经不会有这些情况了，但当时我真的被吓坏了，像是小时候第一次被人拗分一样，心跳加速，两手发抖。脑海里反反复复都是几句话——

我来工作，是为了让中国人能跑得更快，跳得更高，为什么会遇到这样的事情？

我来工作，是为了给中国的体育事业添砖加瓦，他怎么可以带我走上歧途？

我要是继续工作，他会不会逼我去干坏事？

怎么办？怎么办？我要怎么办？

我甚至幻想如果我上楼去，他会不会把针管插到我的身体里，逼迫我和他一起沦陷，而且他可能会控制我，让我把工资也交给他，这太可怕了！不行，不行，我得离开,梦想固然重要,生命与坚持更重要。

于是,我心慌意乱地骑车回家了。到家的时候,我爸正跷着二郎腿看体育新闻,看见我回来,又一顿冷嘲热讽:"小赤佬,我就说你去瞎混吧,上班哪有这么快就回来的!"

于是,我把我的经历和我害怕的事情,都讲给我爸听,我爸听完:"哟,你胆子这么小,上什么班啦,不要上班啦!"

我能说什么?只能听着我爸数落我:"你不好好学习,就只能和这样的人一起混。"

再之后,我爸妈也了解到了这些黑暗面,就默认了我在家打网游,不再要求我出去找工作。

就这样,我混过了毕业后的三年。

但每一对父母,都不会完全放弃自己的小孩,所以,三年后,我爸妈还了小姨的钱之后,又开始有了一些其他的想法——让我出国留学。

当时,我小姨的女儿和我舅舅的儿子,都在澳大利亚留学，可以说，那正是出国留学在上海最风靡的时候，而澳大利亚，也从2000年以后成为新的留学热门地。

我妈很羡慕我的表弟表妹能在悉尼读书，于是也动了送我出去的念头，她当时这样劝我："儿子啊，你这样天天不工作，在家混，早晚是要成为社会累赘的啊！要不，我给你出钱，你去留学吧，成为他们的累赘……"

说干就干，我爸妈开始找熟人打听，找中介了解，咨询费用，咨询学校与专业，一切都了解清楚后，他们做了个当时来说很是破釜沉舟的决定——卖掉新买的房子，用赚的四十万差价，送我去留学。

澳大利亚的"蓝翔"

当时选择的中介，也是我舅舅帮忙介绍的，中介给我们算了一笔账，我留学三年的生活费、学费加起来，四十万就足够了，但对我家来说，这依然是一笔不小的支出。我很感激我的父母，为了让我更好地在社会上立足，他们毅然决然地打算搬离住了三四年的新房，也搬离住了几十年的杨浦区。当时上海的房价虽然没有像现在这样高得离谱，但已经开始有了飙升的势头，从杨浦区这个还算市中心的位置换到远一点的地方，换一个小一点的房子，差价刚好够我留学的费用。

我们如果有预知未来的能力，肯定舍不得卖掉一个价格能翻几番的房子，但当时想，反正以前买房的钱就是小姨借给我们的，又有了一定的涨幅，真的不亏。所以尽管那套房子无论是地理位置还是朝向和装修都很好，我爸妈还是决定将其挂牌出售。

可以说，我能留学，要感谢中国的房市。

挂牌、买家看房、出售、我们看房……等一切尘埃落定，我也离开了居住了二十一年的杨浦区。好在，后来的房子离我外婆家比较近，离舅舅家和小姨家都不太远，也让我对爸妈的牺牲没有那么大的愧疚。

接下来，就是心无旁骛地准备留学事宜。首先，便是选择要读的专业。

因为我对学术类的专业真的不感兴趣，甚至对学校都有一点厌倦，所以太专业的学科非我所爱，于是我们果断放弃了金融、信息、法律之类的专业。我爸妈和中介都认为我这样的情况，最好选择一个能帮助我留在那里的专业，他们大概真的是不想看到我成为中国的累赘，真要成累赘，那也得是外国的。

那时候上海人都觉得能在澳洲养老是一件很时髦和令人向往的事情，我表妹也选择留在那里，所以，我们的初始目标也是留下来。这样的话，我先去那边安定下来，再接父母过去，这就是一个不错的选择。

根据我的情况，中介推荐我读澳大利亚的 TAFE（Technical And Further Education）学校，这样的学校，就是我们常说的职业技术教育学院，是澳大利亚比较有特色的学校。这种学校里的专业一般是两年半到三年制，从这样的学校毕业后，会拥有一个类似国内大专的学历。

TAFE 的专业选择很多，华人学得比较多、有更多就业机会的专业是护士、园林、酒店管理、会计、厨师、汽车修理、工程、房屋建筑等等，我一一比较后发现，唯一令我感兴趣的就是汽车工程专业。其实我爸以前的单位也是和汽车相关的一家国企，所以我觉得，我身体里大概也流淌着遗传自我爸的汽车人的血液。我甚至想，也许我没能打职业篮球，就是因为我的身体里是汽车人的血，而不是运动员的血。

再者说，男人与车，是一个非常炫酷的搭配，我从小到大也希望自己能开车，所以早早就去学了驾照，梦想着早日有自己的车。加上那时候听说国外的汽车已经非常流行了，几乎人手一辆，买卖都非常方便，这简直是为我量身定制的专业！

于是我开心地选择了墨尔本的一所学校，学习汽车工程专业。之所以选择墨尔本，而不是表弟表妹们所在的悉尼，可能是我深藏在骨子里的自由、叛逆、向往独立的精神，觉得既然要一个人，那就彻底一个人，远离故土，远离亲人。

此前我没有去过墨尔本，对它的了解也仅限于一首名叫《墨尔本的翡翠》的歌，其他的印象全部来自中介的介绍，所以，在我的想象中，墨尔本是一个安静、漂亮，居住着很多华人的城市。

等确定了学校和专业，我对狗子和老呆说，我要去读汽车工程技术学院，他们笑得前仰后合，对我说："徐风暴，还是你厉害啊，你到澳大利亚去读蓝翔技校！"

你好，Storm！

付完学费之后，才真实地感觉到，我真的要开启另一段不一样的未知人生了。众所周知，去留学，办签证，有两个必要条件，一是雅思的成绩要够5.5分（当时的要求），二是拿到学校的Offer。

要想通过雅思考试，就要重新去学习英语，而我学生时期的英语成绩非常一般。还好，我对英语保持了一定的兴趣，中介也觉得5.5分不是很难达到的目标，所以我就踌躇满志地去了一个雅思考前培训学校。

和我一起学习的还有另外五六个学生，都是打算去留学的高中生，年纪在十七八岁，而我是他们的大哥哥。我是第一次接触这些来自全国各地的同学，有些人的英语水平相当高，这对我一个正儿八经的"上海土著"来说，很是新鲜。

上海其实是个非常适合说英语的城市，很多人在生活中也愿意说英语。比如当你遇到一个外国人在上海问路,就会发现一个奇怪的现象——

外国人说:"你好,我想问一下华山路的地铁站怎么走?"这时候,上海人可能会这样回答:"You just go down and see a restaurant…"

外国人赶紧插上一句:"不好意思,你可以说中文,我中文很好的。"

然后上海人也急了:"Hey, shut up man, I can speak English too."

就是这样,我们想尽一切办法跟人说英语,我偶尔也会这样,但我的英语成绩在我的几个雅思班同学面前不值一提。他们也喜欢说英语,而且说得很好。

生活中也一样,我看起来是他们的大哥,但懂的却不如他们多。这几乎颠覆了我的认知,我一直以为学校里高年级的学长们是需要我仰望的,直到这一刻我才知道,年龄真的代表不了一个人的认知水平和知识结构。

也是在这个雅思班,我开始了我的"Storm人生"。

当时学校里有外教口语课，那时候能有外教上课，是件很值得炫耀的事，后来了解多了才知道，很多外国人可能也只是外国大学里混日子的大学生，因为种种原因，想在中国待一段时间，又不想做其他的工作，就选择了教英语这个对他们来说技术门槛比较低的职业。当然，这不能代表全部，教英语也并不是他们偷懒的选择，更不表示这个外教混得不好或者是个失败者，没有这样的论断。我只想说，确实存在为了混日子而教书的人。

欧美人在亚洲，教英语是个非常有优势的工作，比如在中国的很多学校，如果一个外国人和一个ABC（国外长大的中国人）竞争同一个教师职位，那么胜出的通常会是外国人。这是中国的现状，也是一个值得我们的学校和家长反思的"歧视"问题。

家长们大概都有一个误区：认为同样是说英语，白人的英语是正宗的，黑人可能会教坏我的孩子，亚洲人的英语发音肯定有问题。于是，便有了白人就职的优势。

对某些外国人来说，到中国来教英语就是一种生活方式，他们可能会在中国或者亚洲其他国家生活两年，之后再去欧洲生活两年，到了三十岁左右，他们就回到自己的国家发展。这是不同于中国人的一种生活方式，无所谓好和不好，只是个人的选择。

所以，我们对于外教的国籍，真的不能一概而论，对学习有帮助的，便是好的老师。

说回我的外教课，第一节课，给我们上课的是个英国人，口音听起来很棒，让我们惊为天人。但遗憾的是，那节课，他好像带着自己的情绪，两个小时的时间，基本是他一个人的演讲，而且也没有教我们什么，只是就"你们都是中国被宠坏的孩子""外国是一个什么样的世界"这样的论题发表了一些个人看法。对我来说，他讲的历史、地理知识还是有点深奥，但我的两个同学就愤怒了，课程一结束，他们就投诉了这个英国外教，于是，第二节课，我们就换了一个外教。

第二个老师,是一个高高壮壮的美国人,名叫Mike(迈克)。很显然他比第一个老师经验老到,他知道他要教的一群学生只是为了拿到雅思高分,只要考试通过,其他的都不需要了解。

所以,在Mike给我们上的十节课中,他没有一次是在表达自己的观点,或者对历史人物和事件进行评价,只是教我们雅思口语考试的技巧,或者如何打动考官。

想打动考官,就要从自我介绍开始,于是,Peach、Banana、Apple轮番上场,叫到我的时候,我大声说我叫Rabbit,然后Mike竟然哈哈哈地笑出了声,接着全班同学都和他一起疯狂大笑,只剩我一个人在那里手足无措。

我不能理解他们为什么笑,后来Mike给了我答案,他说Rabbit这个名字很独特,但如果我打算去澳大利亚或者美国的话,最好给自己换一个名字,否则,"You will be raped(你会被强暴)"。我知道他在开玩笑,但是他解释完之后,我也了解到 Rabbit 这个名字,给人的感觉是有点弱,尤其是男生如果叫了这样的名字,就等于是在告诉别人"我很好欺负,你们尽管来欺负"。

碰巧,两天之后,上海就遭遇了一次台风天气,狂风大作,于是我想到了 Storm 这个词。

Storm,暴风雨,是个看起来就很不好欺负的名字。后来我还特意查了一下,墨尔本有个橄榄球队也叫 Storm,橄榄球是一种很男人的运动,叫这个名字,肯定没人敢欺负!于是,我开始正式成为 Storm,徐风暴。

叫了这个名字之后,我发现,很多中国人对 Storm 的发音并不是很准确,很多人会把我叫成 Stone,我很享受那种纠正别人发音的感觉,再次感谢台风天,让我取了个如此威武雄壮又朗朗上口的名字。

不管怎样,Mike 老师的指导效果还是很明显的,我第一次考雅思,就取得了 6 分的成绩,而我要去的学校只要 5.5 分就够了。

其实考试之前，我是有一点点担心的，也问过别人，如果考试没过但又很想去澳大利亚怎么办？后来知道，即使没通过雅思考试，也可以先去读一个语言预科，这也是很多国家都会设的一个课程，适合那些语言不过关，又想要提前过去生活的留学生。

后来我到了澳大利亚，遇到上过语言预科的同学，他们说语言预科就像是个骗钱的项目，只要交满三个月学费，语言就可以保过。

接下来，便是签证环节。

留学签证其实是件挺复杂的事情，毕竟签证官和我们要留学的学校分属不同的系统，他们要考量的是当时的移民政策，而不是学校的招生制度。所以，签证的时间、金钱门槛，并不是固定不变的。当然，最重要的是，使馆里的签证官会测试每一个前去办签证的人的移民倾向，可能是怕有人为了移民，做出一些极端的事情。

所以去使馆签证的时候，是有面试环节的。我当时的目的，其实是想留在澳大利亚，应该说当时有很多想出去的人都想留在那里，但我们又不能让签证官知道，所以，还要耍一点心机，让面试官不产生怀疑。

所以在签证官问我毕业之后是否要回国的时候，我假装镇定地告诉他："会啊，我肯定是要回来的！你知道我在中国有多少辆法拉利吗？我会稀罕待在澳大利亚吗？"

我装出了一副富二代被迫去学习，却不屑于留在当地的姿态。

这也是中介给的策略，他们建议我可以编故事，但要编一个让人相信的故事。

于是,我就开始畅聊,仿佛自己是个真正的富二代。

签证官好像也信了，连连点头，然后问我对澳大利亚了解多少。

我又摆出一副纨绔子弟的样子："哦，澳大利亚，Australia，你们在欧洲，首都是维也纳……"

签证官连忙打断我:"不,不,那是奥地利。"

我说:"哦,不好意思,我经常把这两个地方拼错。"

就这样,我试图用自己的胡说八道让签证官放松警惕,但后来有人告诉我,这样的做法其实非常危险,我在这样的胡闹之下居然能顺利拿到签证,简直是个奇迹。

签证官还让我出示了我的资金证明。

就这样,所有的流程走完,剩下的,对我来说,只是等待。

像苏格拉底一样发现未知

在距离开学还有一个月的时候,我终于拿到了签证,心里有种尘埃落定的踏实感。

那段日子里,我做得最多的事情就是打游戏和学英语,也是从那一个月开始,我养成了持续学英语的好习惯。

就像现在,可能很多人最常打开的APP是王者荣耀,而我经常打开的软件,永远是有道词典。我现在还会查一些法语、西班牙语单词,以前只是查英语单词。一个单词我可能会查几十种状况,我会想这个词在不同语境下是什么意思?它的反义词是什么?它的扩展词是什么?如果想表达更深一层的意思,用哪个词?表达浅显的意思,又用哪个词?例句怎么用?美国人用得多还是英国人或者澳大利亚人用得多……诸如此类,我可能会花半个多小时,琢磨一个单词,而这个习惯,延续了五年以上。

当我从广播、电视里,甚至是某个同学或者售货员的嘴里听到一个不熟悉的单词时,也会立刻开始研究它。

比如,我第一次听到有人和我说"abstract(抽象)"时,还不是很了解这个词,我就牢牢地记住了读音,然后用电子词典查它的前几个字母"abs"。电子词典有个好处,就是我拼写出一部分,它会给出一些关联的选项,根据这个词的大概读音,我们可以筛选出近似的单词，然后再根据它们的标准读音，精准地找到我们想要的那一个。

所以，我查到了 abstract，也一次就记住了这个词。

也许一时的学习并没有什么明显的效果，但若长期坚持，你可能就会发现自己的英语水平真的发生了质的变化。比如，我原本是一个英语成绩平平的高中生，几年之后，英语的听说读写对我来说都没有什么问题了，我的水平甚至超过了一起留学的很多同学。

记得古希腊哲学家苏格拉底说过这样的一句话，"知道得越多，才知知道得越少"。一个人如果安心地窝在自己的舒适区，便会觉得自己无所不知；而如果一个人总想挑战自己，不断学习更有难度的东西，就会发现不懂的东西太多。那五年，我就是这样的一种状态。当我真正投入了学习，才体会到，越学越发现自己知道的少，越想不停地学。

那时的我可能是真的长大了吧，我觉得不能浪费父母的钱。我想，如果我生活在澳大利亚，也一定不要让自己只在类似唐人街的华人区活动,而是要真正融入这个白人的世界。而我的苦学,就是坚持、坚持、再坚持。

我也没有找到什么学习的捷径,多查、多背,就是我全部的"妙招"。

淌着鼻血飞去万里之外

澳大利亚是个沿海的国家,它的每一个城市都临近海边,这也是让我欣喜的地方,篮球、车、海,都是我喜欢的。所以,即便这是一个我从未听说过的学校(那时候我连澳大利亚最知名的学校也叫不出名字),我也开开心心地飞向了它。

虽然我准备出国的时候已经是个成年人了,但由于我之前没有去过澳大利亚,所以中介给我介绍学校的时候,问我是不是要找一个 Home Stay,顾名思义,就是为我在澳大利亚找一个家庭式公寓,我可以寄宿在当地人家里，等慢慢熟悉环境后再独自居住。

我爸妈和中介讨论之后确定下来，先给我找个 Home Stay 住一个月。我记得当时一个月的房租折算成人民币大概是一万元，而且是一个小小的房间，这个价钱当时可以在上海的繁华地段租到一个宽敞的一居室。

中介大概和 Home Stay 机构也有金钱往来，不过他们的建议在当时算是比较中肯的。我爸妈对我独自居住有些不放心，所以觉得多出点钱也无所谓，先住一个月试试。于是，我第一次非常正式地发了一封全英文邮件给未来的房东，确定入住事宜。

记得当时，我在开学前五天飞到墨尔本，我爸妈和我舅舅都来送我，因为舅舅在民航系统工作，所以一直把我送到了机舱门口。这一路上我都表现得云淡风轻，但在他们转身离开的一刹那，我还是有点难受。等找到座位坐下来，感受着飞机升上天空，听着广播里传出空姐温柔的"请打开遮光板"的声音，我才真正有了离开故土、离开爸妈的感觉，我的泪水也控制不住地流了下来。

　　前方充满未知，将来会如何，我完全不知道。心慌，就是我那时候的感觉。我不知道陌生的澳大利亚是什么样子的，担心学得不好该怎么办，担心以后找不到工作怎么办，总之，我第一次坐飞机，就是在一边哭一边担心中度过了。

　　我还想起我的小伙伴，可能很长时间我都见不到他们了，如果我移民成功了，甚至永远也见不到了。让我尴尬的是，哭着哭着，我竟然流起了鼻血，这也给离情的悲壮增添了一丝血色，仿佛世界没那么苍白了，毕竟我得处理下我的眼泪和鼻血。

　　也可能是看我太可怜了，坐在前排的一个上海大叔和我攀谈了起来。他说他已经在墨尔本生活了二十多年，当时我很羡慕他，羡慕他的稳定，而我，还是浮萍一般。

　　飞机飞到澳大利亚的上空时，天已经亮了。从窗口俯瞰，下面是想象中的草原，再有一个小时，我便会降落在这个陌生的国度,它欢迎我吗?

虽然以前也听人说过,从上海去墨尔本,相当于从城市到农村,但可能因为我对墨尔本压根没有大都市的幻想,所以当我看到广袤草原和田野时,也没有任何失望,仿佛它本就应该是这样。

飞机上的那位大叔还给我简单介绍了一下墨尔本的情况,但我当时心慌意乱,并没有记住多少。下飞机后,学校安排了一辆车把我送到了 Home Stay,当我看到学校的接送车是奔驰时,我第一次觉得自己像个刚进城的乡下土耗子。后来我才知道,这种已经开了二三十年的车(国外的车没有报废年限限制),白送可能都没人要,但在当时,我还是很惊讶的。

于是,我住到了一个黎巴嫩女房东(澳大利亚籍)的家里。初来乍到的我对一切都觉得新奇,感觉澳大利亚到处都和中国不一样,他们都住洋房,商场就建在高速公路边,不像我们,住的是公寓,商场在闹市区。后来才知道,我房东的家,在当地也就是普普通通的一栋房子,位置类似上海的虹口区,不好也不坏。

我还有两个室友,一个伊朗人,一个韩国人。他们,便是我异国之旅的开始。

第 5 章

万万没想到
你是这样的澳洲

有人说澳洲人说英语有点大大咧咧,不性感,也不生动,甚至大多时候都让人不太能听得清楚。

我对这方面感触不深,尤其是澳洲女孩的英语,我觉得非常清楚,我也几乎都听得懂,因为她们和我说过的,只有一句话——Go away!

> 人世间本没有太多的同理之心,若谁真能与他人感同身受,那一定是因为他也曾有同样的刻骨铭心。

亚洲人在澳洲

就这样,我在澳大利亚墨尔本安顿了下来,经过了最初几天的新鲜之后,生活开始按部就班地进行。

说起来,在 Home Stay,我不用做什么事情,我的黎巴嫩女房东会处理一切事务——做饭、清扫,我只需要管好我自己的屋子就可以。我不知道别人的 Home Stay 是不是一样的,但我不得不说,我的女房东准备的餐食真的很难吃。她拿手的"纯正的澳大利亚面",只不过是方便面加上一汤匙各色罐头。我免不了要在电话里和我妈说，这里的食物真的是又贵又难吃。但我妈不这样想，她觉得我在 Home Stay，不仅有人照顾我的生活，最重要的是能学更多英语。这也是很多中国人的共同认知，他们认为只要在国外，或者和外国人住在一起，就一定能学好英语。但其实我完全可以去咖啡馆、电影院之类的地方和别人免费交流，而不用委屈自己天天吃"纯正的澳大利亚面"。

很多人都对留学生的生活感兴趣，会问我，国外和国内有什么不同，自己的生活能力有没有得到很大的提高，会不会碰到一些奇奇怪怪的事。别的先不说，我还真的碰过两件奇怪的事。

到墨尔本的第一个周末，女房东问我有没有东西需要买，她可以载我去商场。我一听就来了兴趣，确切地说，我对一切有车的人都很羡慕，能一起开车出去的机会，我当然不能放过。

于是，我们来到了所在区的一个艾森顿购物中心，也是在高速公路旁边。房东去停车，我就先下来走走，顺便打量一下四周的环境。那时候我还没有见识过太多异国风情，所以看什么都好奇，难免到处张望。仅仅这一会儿工夫，我便发现一家餐馆里，有一个黑人服务员正对着我竖起中指。

这个黑人青年看起来高高壮壮的，正在店里做着清洁工作，也许他误以为我在盯着他看。总之，他给我留下了深刻的印象，毕竟，他算是我在澳洲遇到的第一个"外人"。

我不知道是他天生敏感，还是碰巧那天他心情不好，又或许是他对亚洲人有些偏见，总之，这件事对我来说不是什么愉快的经历，而且让我很意外。在这之前，我听说的是，澳大利亚的白人可能会对中国人不太友好，万万没想到，一个黑人兄弟倒抢了白人的风头。所以说，肤色不能代表什么，每个族群里的人都有好有坏，以"色眼"看人，都难免偏颇。

事后，我也没有就这件事询问过女房东，不是我不好奇，而是我当时的英语水平还不足以清晰地表达这件事，所以我只好暗自揣测，最多和远在国内的朋友吐槽一下。

第二次碰到这样的事情，已经是一年后了，那时候我早已不在 Home Stay 居住。

同样是在超市购物，这一次是在购物之后。因为超市离居所比较近，我就拎着东西往回走。在地广人稀的澳洲，步行的人是非常少的，尤其是晚上，还是下着大雨的晚上，所以我几乎是路上唯一的行人。

又一次万万没想到，仅仅十分钟的路程，我就碰到了意外。几个白人青年，开着车从我旁边驶过，嘴里大喊着"该死的亚洲人"之类的话，顺手丢过来两个酒瓶。幸运的是，酒瓶掉在我的脚边，没有砸中我的脑袋。

这是我遇到的第二次明目张胆的挑衅，其中夹杂着明显的种族歧视。

但这两次还略有不同，黑人青年的行为，也许更多的是由于他们自身的不安全感，在误会我先挑衅的情况下，发起的反击；而白人青年不同，恐怕就是故意找碴，不管碰到的是黑人还是亚洲人，他们那天都会扔个酒瓶。

我的整个留学生涯，也只碰到了两次这样不算严重的不愉快，当然也可能是因为有一些人会使用纯正俚语辱骂亚洲人，而我没有听懂。总之那几年，我身处的环境还是相对安全且快乐的，我没有因为这两次的不愉快而永远不愉快。

我的第一个国际家庭

我的 Home Stay 也算中规中矩，房东是黎巴嫩人，租客分别是中国人、韩国人和伊朗人，一日三餐都有人打理，看起来是个不错的国际大家庭。我也非常想融入这样的国际化大家庭，但我发现，我们彼此之间客观存在的文化差异，让这件事情真的没有那么容易。

相对来说，伊朗人和女房东的交流比较多，可能因为他们的文化与信仰更接近；而我和那个韩国留学生则能更愉快地相处。这也许是人类的共性，到了陌生的环境中，我们更愿意亲近的，是和自己有共同点的人。

说我们有共同点，绝对不是夸张，因为黎巴嫩女房东就经常会把我们俩的名字搞混。也许在他们看来，亚洲人长得都是一个样子，各自的面部也没有太鲜明的独特性，就像我们也会觉得很多欧美人长得很相似一样。我还纠正了她几次："我不是 Moon（那个韩国人），我是 Storm，我们来自两个不同的国家，是完全不同的两个人。"

女房东虽然很勤快，但也爱唠叨。她会告诉我们，不要乱丢垃圾，不要在屋子里很大声地讲电话，不要……总之，很多的"不要"。那时的我还不会想到礼仪教养，我只是在想："老子花了这么多钱住在这样的地方，丢一点垃圾又怎样？！"

所以有一次，我们正在吃 Lasagna（一种意大利式的千层面）的时候，女房东和我说："Storm，我想和你说很多次了,吃面的时候不要发出吧唧嘴的声音，这样很不礼貌。"

我听完之后是这样说的："我来自东方国家，在我们那边，像日本，发出吧唧嘴的声音，那是对厨师厨艺的肯定，说明客人吃得香。你应该学习一下，尊重我们的传统。"

女房东听后，说："但是，Storm，你是中国人，那是日本的传统，你们是两个不同的国家。"

得，我以前和她说的话，她都还了回来。

在这里，我才真正认识到东西方文化的差异，比如，女房东虽然已经四五十岁了，但依然会带不同的人回家过夜。有一次，我出房门的时候，恰巧赶上房东的情人要离开，于是我们打了个照面。再一次万万没想到，那个人，竟然就是我在澳洲遇到的第一个"外人"——那个黑人服务员，在那一刻，我好像明白了他对我竖中指的原因。

孤单感和新朋友

人生就像围城，城外的人，总是对城里的生活感兴趣；城里的人，也一样怀念城外的日子。我就是这样，到了澳大利亚，却和很多人一样，开始想念上海，想念我的亲人和朋友，那段日子，我没事就会和他们聊天、视频，只因太孤独。

我没有带我家的台式电脑去澳洲，毕竟还是笔记本电脑更方便，于是我在当地买了一台电脑，也是我的第一台笔记本电脑，为了支持国货，我买的是联想。就是这样一台各方面都很普通的笔记本电脑，却陪着我度过了最初的漂泊时光，看到屏幕里出现爸妈和朋友的脸时，我常常会忍不住哭泣。

在国内，我从来没有在外地长期居住过，所以一直没有机会感受这样的漂泊感和孤独感，直到来了墨尔本。最孤单的时候，我甚至会幻想这样的场景：我因为口渴走进一家超市，货架上只剩下一瓶橙汁，我刚伸手去拿橙汁的时候，另一只手落在了我的手上，我一回头，发现手的主人是一个漂亮的女生。于是，因为一瓶橙汁，我和她有了一次美丽的邂逅。

我分不清这是幻想还是梦境，孤单让我无所适从，所以只好自己骗自己，让心不再孤单。

初到国外的人还有一个特点，那就是逛超市的时候，看到商品标价，都会在脑子里飞快地换算成人民币，然后暗暗吐槽："哇，这么贵，就这么一盒面竟然要七十二块人民币，这个花费可以在国内吃一天了。"

这也与我后来的发现有关。我以前常常以为，能去留学的人家里一定很有钱，等我真到了国外才发现，留学生们家庭富裕的并不多，他们多是家境普通的孩子，那些开着豪车的富二代只是其中的极少数。所以我们几乎每个人都会精打细算地吃、穿、住、用，会买超市里的促销商品，"打折""买一送一"都是我们的最爱，我们也会去打工，会算计着过日子。

人类的适应能力真的非常强大，最初的孤单过后，我又开始了探索的生活,我会四处走走看看:"哦,这个地方没来过,真漂亮!""那个有轨电车真有趣!"

在澳洲,地下交通的成本很高,所以多数学生都选择乘坐有轨电车出行。我的居所离学校有半个小时的车程,不远也不近。原本我选择这个学校和专业,就是为了留下来,所以对学校并没有太高的期待。进校之后才发现,我的学校在当地竟然是很不错的技术类学校。正因如此,这里的教室基本都是由厂房改造而成的,因为我们不仅要上课,还要进行实践,厂房会更方便。我所在的是国际班,班里没有多少本地的学生。我们的老师也不是什么教授,而是汽车行业的资深技师。我们班有将近一半学生是中国人,次多的是韩国人和印度人,除了这三个国家的学生之外,就只剩下几个马来西亚人和一两个欧洲人,以及一两个其他小国家的同学。我猜想,这可能和中介机构的运作不无关系,他们的推荐对我们这样的留学生有很大的影响。

老师们教授的知识也是从最基础的部分开始——什么是汽车？汽车每个零部件的英文是什么？汽车的原理是什么？诸如此类的问题，是每天都要讲很长时间的课程主题。

澳大利亚政府还组织我们进行社会实践课，帮助同学们互相认识。我在澳大利亚有三个朋友，他们都是我上课第一天就决定要做朋友的人。一个是鑫哥，他也是上海人，赶上家里拆迁，就出来留学并留在了澳大利亚。鑫哥和我是完全不同的两种类型，他沉默寡言，虽然到今天为止，他已经在澳洲生活了十多年，但有很多英语单词和句子，他依然不会说。不过他是个很有目标的人，留学澳洲的目的就是为了留下，并且他也真的完成了这个目标。

还有一个同学，我们叫他死胖子，他是个中国南方城市出来的少年，家境比我富裕，也比我能说会道。死胖子去留学之前就很懂车，没什么原因，只是因为家里的车多，留学也是为了更懂车。

还有一个朋友，是 L 哥，L 哥是个典型的富二代，他读书的时候已经有了澳大利亚居民的身份，只是在改装车时遇到了一些问题，为了学习更好的技术，他选择去读汽车专业，然后遇到了我们这些想以此为跳板而留在澳洲的人。

死胖子和鑫哥也住在 Home Stay，他们也觉得在 Home Stay 吃得不好，又不自由，每天我们在学校碰到，一边一知半解地听着老师讲课，一边在下面开着大型茶话会，说着自己的事情，吐槽 Home Stay。技师老师也不太关心课堂纪律，只管讲自己的课，再带着我们实践，至于学生到底懂不懂，对他来说不重要。

死胖子最先搬了出来，去了墨尔本一个比较繁华的区居住，虽然繁华地段房价高，但因为少了中间抽成环节，房租却比 Home Stay 少了一半。鑫哥也搬了出来，我也想搬出来。

在异乡，靠老乡？

于是我就开始找房子，我舅妈曾在日本待了二十多年，我的表妹在悉尼，她们和我说，在外面，还是上海人更靠谱一点，所以我首先就选择了一个上海房东。是在当地的华人网站上找的，也是一个女房东，她说她有一间房在市中心，刚好可以租给我。那时候的我很向往住在市中心，虽然有人说那里又吵又乱，但我想，能吵得过上海？不要太夸张哦！在市中心多好，离学校又近，说出去又有面子。

于是我去看了房。那真的是个很小很小的房间，六七平方米的样子，放了一张床和一个桌子，就已经满了。但在我心里，住在市中心，就是住进了大型公寓，房间小算什么！

不得不说，从 Home Stay 换到独立的房间，是非常有好处的，你会发现——自己住真的是太好了，没有经历过 Home Stay，我可能体会不到这样的美好。

我搬家之后,很少见到这个上海房东,问我的室友,她说这很正常。

住在市中心还有一个好处,就是方便去餐馆打工。那个年代很多人都觉得,留学生打工的最好地点就是华人餐馆,每小时六七澳元。当时我的同学已经有人在洗盘子了,这也让我很羡慕。但后来待久了我才知道,去餐馆打工真的是最不好的工作方式。如果我们的英语够好,可以做一些其他服务类的工作;而英语不好的人,也可以选择一些体力类的工作,收入都会比去餐馆打工高得多。

我觉得自己的生活终于有点像模像样了:住在市中心,有条不紊地学习,还可以去很近的餐馆找工作……这一切都让我很欣喜。

然而,好景不长,在我搬到市区十几天之后,有一天我刚到家门口就发现我的东西,包括包、电饭锅之类的,全都被丢在了门外。我敲门,两个澳洲本地人开了门,我问他们为什么丢掉我的东西,他们说房东没有收到我的房租，只好把我的东西丢出去。我用蹩脚的英语和他们解释了半天，最后才意识到，我那个上海房东其实就是一个骗子。

我愤怒地给她打电话，用上海话和她交流。难以相信的是，我已经揭穿了她，她竟然还在狡辩，说这是误会。

在我确定她骗了我之后，我也没有客气，打电话和发短信骂了她。没想到，她给我回了一条短信："大家都是上海人，你怎么能这样对我，怎么能觉得我骗了你。"也就是这样的一条短信，刷新了我的人生观。我不再认为地域和人的品格有多大的关联性，哪个地方都有坏蛋，哪个地方也都有好人。我们以为老乡见老乡是亲切，也许在对方看来，你只是一只待宰的肥羊。

后来她终于承认，那笔钱她没有交给真正的大房东，我只好拎着我的行李去了死胖子家住。这之后，为了要回我的房租和押金，我走上了漫漫的维权路。我报过警，警察也找了她，但她在警察面前承诺的还我钱的事，却没有兑现，我收到的只是她发来的一条辱骂我的短信。

于是我又找了房屋中介、管理咨询部、办公室之类的机构，终于在两个月后收到了那笔钱。

我把我的经历讲给了我的爸妈和舅舅听，然后对他们说，再也不要提那套老乡见老乡的理论了，我们见到的每一个人都是独立的个体，我们与人相处，不要只关注他们是哪里人，要擦亮眼睛，认准品行，才是正确的。

也是从那时候起，我不再相信"××地方的人都××"这样的刻板印象，这也是我独自在外生活后用教训换来的经验。

兜兜转转一两周后，我终于在距离学校一小时车程的地方找到了一个房子。这次的房东，是一对福建小夫妻，很诚恳、很坦白地告诉我，他们是二房东，但已经做了好几年的二房东，值得信任。我从网上看了网友对他们的评价，又和他们约着看了房，感觉一切都还不错,于是搬了进去。这一次,我终于安定了下来,开始了自由的生活。

突然好想你

自由的代价就是更寂寞,每天上学、放学,久了也很无聊,所以我没事就看喜剧表演。在澳洲可以看很多国内看不到的网站,也可能我平时搜索了很多搞笑的东西,所以平台的推送也多是这类内容,于是每天都是喜剧表演伴我入睡。

那时候,我还没有想从事喜剧表演这类工作,只是想着多学一些有趣的用语,也许生活中遇到合适的机会,我可以表现得幽默一点,更好地融入这个环境。

所以,在有趣和有用的双重刺激下,我便开始用喜剧表演填补我的空白时间,让留学生活不那么孤单。

那时候,我也想找个女朋友,两个人总好过一个人,我也这样努力了。我从一个华人网站上面认识了一个女孩子，我当时的居所离市中心有一个小时的车程，那个女孩子离市中心也有一个小时的车程，但我俩在两个不同的方向，所以我为了去见她，转了两次车，耗费了两个多小时。

说起来，在我那二十多年的人生中，还没有正式恋爱过，当时只是想，大家都是孤苦伶仃的异乡人，应该更有一些恋爱的诚意，所以即使那么远，我依然去见了她。

为了表现我是个技术人员，有专业的技术，我穿上了学校统一的技术工服，但我显然高估了别人的思想境界，那姑娘看到我时，认为我只是一个满身机油味的邋遢小子，毫无魅力可言。

那时候的我也不太会和女孩聊天，说的也都是"你来了""哦，你学校怎么样"之类的乏味话题，连看电影这样的约会基本手段都不懂，所以想吸引姑娘也真的很难。接连两次失败之后，我对找女朋友也失去了信心和兴趣。

于是，我又回归到和老朋友聊天这项娱乐项目。

那时候我们还都在用QQ聊天，QQ有个很不错的功能，就是不仅可以看到谁在线，还能看到对方的动态和正在听的歌曲。每一次"咳咳咳"好友上线的声音，都让我欣喜，而收到消息时那个"嘀嘀嘀"的声音，更是让我心动。

有一天，我又在QQ上乱逛，想看看谁在线，看看大家在听什么音乐。然后我看到了Becca，这个因为我送她一张假签名而与我绝交的女孩，正在听五月天的《突然好想你》。我突然兴奋起来，自以为是地想，这首歌是不是代表了她想对我说的话呢？沉寂了几个月的心，在那一刻突然激动起来。我马上把我的歌曲也切到了《突然好想你》，然后对Becca说："你看，我们在听情侣歌哎！"我自以为这是个很俏皮的开场，谁知Becca回了一句："你去死吧，你不配当五月天的歌迷，那件事情我可没有忘记！"

很明显，我的幽默Becca不懂。我好声好气地道歉，然后又和她表白，说我还是挺喜欢她的，想要给她个惊喜。Becca好像很生气："你千万不要做那些傻事了！"

我当然不会听她的劝，因为那时候我坚信，女生说不要就是要，她们大多口是心非。这也是我对女生的刻板印象，但那时的我还不知道真相。我想，她怎么可能不想要我这样的浪漫呢？肯定是要的嘛！

这一天是2月13号，情人节的前一天。在墨尔本，每年的情人节都会有一项活动，那就是市民可以发短信到特定的号码，然后工作人员会把你和你喜欢的人的名字首字母投映到市中心两栋大楼的广告牌上，让全市的人都来见证你们的爱情。那两栋大楼，每一栋都和上海金茂大厦差不多高（金茂大厦高420.5米），如果把两个相爱的人的名字投射上去，中间加上一个爱心，想想就是很浪漫的事儿，所以每年都会有很多人去参加这个活动。

这一年，我很幸运，我表白Becca的短信被选中了，所以城市中心大楼的屏幕上，显示着硕大的三个符号：

S ❤ B

我没觉得这有什么奇怪的,就把我自己和这个字母组合的合照发给了 Becca,没想到,她又生气了。但这个组合也不是我一个人造成的,是吧?是吧?是吧!

我觉得追女生是件很奇妙的事儿,对方明明不喜欢我们,但我们依然像赌博一样,一直在下注,直到最后,要么胜利追到,要么全盘皆输。于是,我重燃了对 Becca 的热情,打算再下一次注。

情人节的晚上,我订了第二天凌晨回上海的机票,决定破釜沉舟,万里追爱,不追到 Becca,我就不回来。

我还给 Becca 买了一个卡地亚的手镯,它也是我这次旅程中唯一的行李。十一个小时后,我又一次踏上了上海的土地。

我没有告诉爸妈我的行程,而是住到了好兄弟的家里。然后我给 Becca 打电话:"我到上海了,为你而来。"Becca 非常惊讶:"啊?哦。"

Becca 半推半就地同意出来见我。我的好兄弟认为这是一场疯狂的追逐，但我兴奋得不行，根本听不进任何劝告，只想着既然Becca约定我们在外滩情人墙见面，那我要不要穿个立领，去配合这个复古的氛围？

2月16号的晚上，我见到了Becca，我能感觉到她的情绪一直不是很好，对于我的突然而至，她也表现平淡，显然她不相信我是为她而来。

过了一会儿，她说："我要回去了，你送我回去吧，我们从这里走到人民广场。"那段路大概有五千米，我一想，走路还能多一些相处的时间，也挺好的，就同意了。但Becca又提出了一个要求，她让我走在她的前面，不许回头和她说话，也不许碰到她。

现在看来，这是个多么苛刻的要求啊，但当时的我就是一个标准的"舔狗"，所以我二话没说，陪着她一路沉默着走到了人民广场。

一个多小时后，到了人民广场，Becca说："我要坐公交回家了，Storm你放弃吧，我们没有共同话题。"

我一脸蒙，不是她说不让我和她说话的吗？怎么就上升到没有共同话题了?

什么? 我还不懂浪漫? 我多么浪漫,想想那个 S ❤ B 组合,还有比我更浪漫的人吗?

再说,我漂洋过海来看你,还给你带了礼物,而且连我的支付宝密码都是你的生日……

我以为 Becca 会感动,但她显然没有。Becca 说:"哎哟,我早就猜到了,我也看过了,你的卡里没什么余额了。"她头也不回地走了,留我呆呆地站在原地。

打脸的痛,比不过心里的不甘。我又步行回了外滩,把承载着我希望的卡地亚手镯扔进了黄浦江。

我用金钱的损失告别了一段过往的青春。

和好兄弟吃了一顿饭后,2月17号,我又一次离开了上海,只是这一次,我有点迫不及待。

我躲在三万英尺的云底

这一次,因为一个人,我想和上海决裂。重新踏上飞往墨尔本的飞机，想起两天前回来的路上我给自己加的那一堆戏，觉得自己可笑又卑微。

再也不想听五月天的歌，再也不想听《突然好想你》，徘徊在我脑海中的，是这样几句歌词：

> 远离地面，快接近三万英尺的距离，
> 思念像粘着身体的引力，
> 还拉着泪不停地往下滴。
> 逃开了你，我躲在三万英尺的云底，
> 每一次穿过乱流的突袭，
> 紧紧地靠在椅背上的我，
> 以为还拥你在怀里……
> （迪克牛仔《三万英尺》）

虽然我没有真的在听，但心里和脑海中，只有迪克牛仔的声音，他唱的就是我的故事。

第三次坐飞机，第二次流泪，这一次我不是因为彷徨和思念，而是因为绝望和自卑，我感觉自己怕是没有办法见人了。于是，我往飞机的一端走去，那里有个洗手间，我可以去小空间里独处一下。

进了飞机洗手间，一抬头，咦，这里还有个镜子？哇，镜子里流着泪的我，好帅啊！

就这样，我在洗手间待了一两个小时，告诉自己"我很帅""即使流泪，我也很帅"。我知道这是自欺欺人，但效果很好，等到我下飞机的时候，我已经是那个帅气又自恋的风暴了。

鑫哥很大方，听了我的经历后，请我吃饭、唱K，不巧，他竟然点了首《三万英尺》。

我觉得我在那一刻重生了，我要好好学习，找更好的工作，变得成熟、稳重、可靠，然后远离伤心地，留在这个国度。

第 6 章
退散吧，杯具！

澳洲也有一些乞丐，但他们当中几乎没有亚洲人。这可能是因为亚洲人觉得当乞丐很没有面子，穷，就是丢脸。

再者，亚洲人和澳洲人的金钱观不一样。比如，一个澳洲人，如果只剩下十块钱，他可能会去买烟酒，挥霍开心一次。但如果是亚洲人，他可能会去买一张假驾照，然后在澳洲开专车。

> 人生就是如此，失之东隅收之桑榆。

帮厨最好一米七八

虽然爱情不能让我如愿以偿，但工作总是可以的吧！不同于以前那几次在运动品牌店的工作，这一次，我要开始真正的打工。学校里有很多同学已经开始打工了，但由于我们还都只是学生，所以多数人都没有从事汽车专业，而是在餐饮与服务业打转。

澳大利亚政府规定，留学生在除寒暑假以外的学习期间（一共三十二周左右），每周可以工作二十个小时，寒暑假则不限制工作时长。这样的政策相对来说比较宽松，所以澳洲的留学生找工作要比欧美国家的留学生容易得多。

但澳洲当地人不这么想，他们觉得留学生"偷了他们的工作"，毕竟雇用他们的费用比雇用留学生高很多，他们这样想也不足为奇。

我之前说过，不建议留学生去餐饮行业工作，但我不得不说，虽然这可能是一种工资最低的工作，它也同样受到当地法律的保护。当 7-11 便利店的时薪在十五澳币左右时，餐馆老板却只给我们开出四五澳币的报酬，但我们这些习惯了把钱换算成人民币来衡量的留学生，依然趋之若鹜。似乎大家都觉得四五澳币已经足可以"买"我们一个小时，而让我们拿十五澳币的工资会有点心虚，怕自己压根不值这个价儿。

我在墨尔本的第一年，也打过几份零工，第一份是饭店帮厨。和现在大家围绕着地铁站附近找工作一样，我也是从网站上搜索电车站附近的饭店。终于在离我的居所大约 15 分钟车程的地方，找到了一家华人餐馆，老板也是个上海人，我们用上海话聊了几句，就定下来我去后厨帮工。

没出国之前，我在家没有做过什么家务，对后厨的工作也不是很了解，刚去的第一天，我就手忙脚乱，对备菜这样的事情毫无头绪。老板大概看出来我没有经验，想炒了我，于是他问我："你多高啊？"我坦白："一米八三。"老板咂咂嘴，说："其实后厨帮工最好一米七八，你太高了，不太适合。"

呃？老板，你不觉得这个理由太荒诞了吗？

就这样，我因为"太高"失去了一个打工的机会，这又一次刷新我的打工纪录。

后来我的同学和我说，在澳洲这样地广人稀的地方，没有车便会失去很多工作机会，所以我想，还是先买个车吧，然后再去找工作。

骄傲的有车族

在澳洲，买车是件非常方便的事情，没有牌照之类的限制。澳洲的二手车也非常多，毕竟那里没有报废车一说，只要车辆检测后性能正常，就可以上路，也可以正常交易，所以大街上随处可见二三十年前的老车。

我的朋友中有买车经验的人不少，他们跟我说，不要局限于华人的网站，那里车型少，虽然比较新，质量比较好，但价格也相对较高。最终，我选择了一个外国网站，看中了一辆韩国大宇，价格七百五十澳币。相比国内二手车动辄几万元的价格，这辆四五千元人民币的车性价比还是不错的。

我和几个懂车的朋友一起去提车。车主是个印度人，他告诉我们，这辆车之所以这么便宜，是因为发动机有点漏水，修一下就好了。我说："没关系，我们就是学修车的，我们自己修一下就好了。"其实那时候我也只学习了半年专业课,入门而已,但怕什么,我是未来的汽车修理师啊,一定可以完成这项挑战。于是我们晃晃悠悠、半开半推着车回了学校,直接停到了学校里的实践教室,并跃跃欲试打算亲自解决发动机漏水问题。

没想到,从此我的车就成了教室里的常驻教学工具,一两个月才完成所有的修复工作。

上课的时候,我的技师老师也会用我的车来给大家讲解,还帮我修。我们拆掉了整个发动机,一点一点排查问题,终于发现,是发动机的一个密封圈破损,导致防冻液漏出。找到问题就好办了,我买来新的零件,把整个发动机的构件一点点打磨、抛光、润色、润油,再组装。在老师的带领下,一台几乎全新的发动机安装完成。

车的问题基本解决了,我很欣喜,终于有了自己的车,完全属于我自己的一辆车,尽管它很小、很破,还会被我的同学嘲笑,但我依然很开心,以后我就要开着它，去工作，去约会！

这之后的几份工作，还真的和车有关。

我是个不快乐的清洁工

很多长期居留澳洲的人，都会注册一个小公司，再去一些大公司接活，然后他们只需支付大公司所付薪水的一半，就可以把这些活承包给留学生们去干。很多移民澳洲的人，都是以这样的方式为生，一方面给本国的留学生提供工作机会，一方面和各大公司搞好关系。我就是从这样的澳洲华人手上，得到了一份做清洁的工作机会，这是我的第二份工作。

工作地点在一个比较远的地方，我每周需要去三次，车也就给了我很大的帮助。我的老板每周会过来一次，看一看我的工作情况，再和大公司联络一下感情。

我这时候已经很喜欢喜剧了，每天晚上都要看到很晚，越看越觉得，这个世界应该充满了想象力，清洁工作或修车工作,简直枯燥得不行!

所以我开始偷懒,环绕明窗净几的办公室,我擦一擦台面上的灰尘,至于那些看不见的地方,就随它去吧。而且我又开始抖机灵,在华人老板过来的那一天,我会认真打扫,把两个小时的工作认真做好。而在他不去的日子里,我慢慢压缩打扫时间,一个半小时、一个小时、半个小时……最过分的时候,我压根就不去了。

所以,最后的结果谁都可以想到,我被华人老板解雇了。

可能很多人都是这样,我们往往在刚开始做一份工作的时候,满心抱负,充满动力,但是日复一日,自以为学会了所有的技能之后,便开始觉得这份工作没有挑战性,或者认为自己应该得到更高的报酬,于是,开始抱怨、懈怠。而且我失去兴趣的时间会比别人更快一点,所以总是过不了多久,我就要再一次找工作。

那时候,我们大多是从华人网站上找工作,上面的工作机会还挺多,后来我又陆续做了几份室内清洁的工作，每个月的工资都在一千五百澳币左右，不多也不少，不令人羡慕也不让人沮丧。但每一次开始，也都是一次新的轮回，用不了多久，我又会"旧病复发"，最后几乎都是以被老板炒掉而终结。

通过这几次工作，我发现本地的澳大利亚人其实很有原则，他们严格按照法律规定支付工资，但因为留学生缺乏人脉，社交能力不强，所以消息来源少，不能直接与雇主接触，自然就要受到中间一层或多或少的盘剥。我倒是很能理解，毕竟留学生要读书，要打工，很多时候并没有那么多精力去交际，去寻找机会，所以这样类似的"二手工作"对我们来说，是比较适合的。

码头工人也疯狂

我还做过一份很辛苦的工作。当时澳洲会往中国出口一些铜、铁废料之类的工业废物，我当时的工作，就是和雇用我的老板一起，把这些废料集中码放在一个大筐里，一点点压实，再把外面裹上金属条，以保障它在漂洋过海的时候安全无虞。

这份打包的工作，大概从早上七点开始，到中午十一点结束，四个小时的时间，我能获得一百澳币的报酬。累和苦对当时的我来说倒是可以忍受的，有点难挨的是澳洲的超强日光。据说澳洲拥有全世界最稀薄的臭氧层，夏日的阳光直射下来，四十摄氏度的高温不在话下。

我们顶着高温，一点一点码放着又重又难闻的零件废料，每次工作结束后，我都能在手上发现伤口，辛苦程度可想而知。雇用我的老板是一个在澳洲居住了很久的华人，不知道是不是经济原因，他也亲自上阵，和我一起做这份辛苦的工作。

我从朋友那里听说，这种辛苦的体力劳动，四个小时的报酬能有三百澳币，我一想，这差距也太大了，我还是不去了吧！于是，我去了四五次之后，主动放弃了这个还算"高薪"的工作。

我给国内的爸妈讲，他们也觉得有点心酸，我要顶着酷暑开车去又远又乱的码头，然后再辛辛苦苦地干着毫无技术含量的体力工作，所以他们也支持我辞掉这份工作。我一方面觉得这个老板剥削我太多，另一方面觉得这样的工作对我以后的人生真的毫无价值，我还是应该物色一个和汽车行业相关的工作，这样至少可以为以后的工作累积经验。

这恰巧是我万里追女孩又不幸折戟的时候，我正下定决心要留在澳洲，再也不回上海那个伤心地了，所以我要为留下做准备。

老板虐我千百遍，我待老板如初恋

最多的时候，我同时打三份零工，做着送外卖、清洁之类的工作。但我想从事汽车行业相关的工作，却不得不通过学校介绍。外面的汽修厂家，不会随便招收一个毫无经验的留学生，而通过学校介绍，则相对更有保障一点。

我们学校负责介绍工作的是个名叫Frank(弗兰克)的老头，他给我介绍了一份工作，在市内离我家半小时车程的地方。距离不远不近，工资也是中上水平，而且工作的时间是白天，不影响我做的其他零工，真是一个比较完美的工作。

这里的老板是当地的人，他的工厂规模不大，做一些熟人的生意。工作的第一天，他一直大声地对我呼喝"Do this, do that"，当时我就想，大家都说全世界从事汽车修理行业的人都很暴躁，诚不我欺啊！

虽然我已经接受了这个暴脾气的老板，但是很遗憾，我的老板似乎不大接受我这个毛头小子。我出门采购零件，他会说"怎么这么慢"，挑剔无处不在。

我能怎么办？只有忍啊！

暂且不说这是一份比清洁报酬略高的工作，只考虑当时的澳洲政策，要想顺利毕业，就必须有在工厂完成900个小时工作的证明，而且还要得到工厂老板的签字认同。所以，我打定主意，即使老板虐我千百遍，我也要待老板如初恋！

我的老板常常会说一些俚语，我从他的表情可以看出来他在嘲讽我，但很遗憾，我真的听不懂。

忍气吞声也没能让我如愿以偿，现实还是太骨感，他不会考虑到我这样一个华人留学生的意愿，他直接给Frank打了电话，然后冷冰冰地告诉我，第二天不用来了。

我也曾愤愤不平，想找老板理论，但结局已定，说再多也没有用，不如留个潇洒的背影。当然，临行前可以留个纪念——于是我在他的工厂门前，用油漆写下了一个大字"STUPID"。

你就像是我的女朋友

当时我们已经不需要每周去学校四五天了，而是三天在工厂，两天去学校。从之前的修理厂回去之后，我又找到 Frank，请他再帮我介绍一份与专业相关的工作。大概一个月之后，我被通知去另一家修车厂面试。

这是一家规模较大的店，在别的店大多只有两台汽车检测机的时候，这家店已经有十台了。人员配备看起来也比较正规，财务、前台、店长、经理、老板一应俱全。老板是个年近古稀的意大利人，老板的两个儿子也在店里工作，还有几个实习的留学生。

我刚来就爱上了这里，对留学生要求不甚高的老板、爱开玩笑的员工，都让我有宾至如归的感觉，我想，等我毕业了留在澳洲，也要在这里继续干下去。

这个修车厂在墨尔本近郊一个叫 Thomastown（托马斯镇）的地方，镇上几乎没有中国人，至少我后来在那里一年多，也没有发现其他中国人。

最初的几个月，我也不会做太多事情，只在各个部门轮流帮忙，也许这一周在修理发动机的部门，下一周就去了电子实验部门，看他们对汽车中的电子部件进行分析实验,这里还有专攻自动变速箱的部门以及对汽车做一些喷漆、钣金等工作的外饰部门。

负责变速箱部门的,是老板的大儿子Tony(托尼)。这是个四十岁左右的意大利人,离过婚,可能因为他当时正在和一个中国女孩交往,所以他对我这个同样来自中国的人也比较感兴趣,早上碰到了,也会用中文问候"你好",然后用英语聊几句。熟悉了之后,他只要看到关于中国的书或者电影,都会来和我讨论一番,这也让我们顺理成章地成了朋友。

老板可能看到我算得上是他儿子的朋友,于是在部门轮转之后,就让我去了Tony的部门。我觉得能对变速箱精通,可以检测、重组它们,是一项非常炫酷、专业的技能,普通的技修师很难做到,于是我欣然前往。

我和Tony并肩工作的时候,也维持了我们难得的友谊,我们一起聊音乐、电影、汽车,甚至会交流天下大事。那是一段比较愉快的岁月,以至于后来我离开的时候,Tony对我说"你就像是我的女朋友",我把这句话理解为他对我的友好和不舍。

我大概是洲际代表

这家修车厂不仅有前面的门店,在门店后面还有个很大的备用仓库,里面堆积着很多零件,这些零件有汽车常用的零件,也有一些从回收的旧车上拆下来的不常见的零件。旧零件用来做什么呢?当有些新车缺少零配件的时候,他们有可能就会用同品牌、同车型的旧零件来替换。当然,他们也会从原厂定制零件,但对车主来说,这样做要么花费太多,要么等待的时间太长,所以很多人会选择用旧零件,这在当时也是修车行业比较普遍的做法。

我在 Tony 的部门如鱼得水,再也没有以前笨手笨脚的感觉。和同事相处愉快,和部门的负责人 Tony 又是朋友,所以我愿意去了解变速箱的知识,也在这里找到了工作的乐趣和自我价值。当然,我做得最多的工作还是去仓库里找零件，比对规格、型号，找到合适的，然后协助其他人检测变速箱。我很感谢这段日子，不同于学校里的理论学习，在这里我学到很多实用的汽车知识，英语和人际交往能力也得到很大的提升。

在墨尔本修理厂工作的时候，我是托马斯镇上能见到的唯一的中国人，所以那时候我就想，大概他们看到我做什么，就会以为中国人就喜欢做什么。我邋遢，表示中国人也邋遢；我说脏话，说明中国人也爱说脏话；我非常有礼貌，中国人也是非常有礼貌的……

我忽然觉得，自己就是中国驻外代表！可能不只如此，很多外国人是分不清中国人、日本人和韩国人的，所以在那一刻，我觉得我甚至可以代表整个亚洲，我大概可以被叫作"洲际代表"。

于是，有一些友好的同事，每当他们看到新闻里关于中国的任何事件，都会过来找我求证。有一次，一个印度同事 Harry（哈瑞）过来和我说："Storm,

我昨天听到新闻说,中国北方的什么黑的地方发洪水了,你的家人没事吧?"我也乐意和他们开个小玩笑:"对对,是黑龙江。怎么办,我的家人遇到了灾难,你们要不要捐一点款?"

和外国人交流多了之后,我的英语水平也突飞猛进。当然我还是常常听不懂他们在说什么,但当时我会装作听懂了,然后再自己想办法领会他们想要表达的意思。

那时候,我的很多同学都是"果粉"(苹果产品的忠实用户),有段时间,墨尔本的电信局推出了一个活动,用户每个月只要交39澳币,就可以得到一部苹果手机,所以我的同学几乎人手一部iPhone4。我偏要特立独行,坚持用诺基亚N97,后来才发现,使用效果不是不一样,是太不一样了!我的手机,除了接打电话的功能之外,只安装了一个字典软件,我听不懂同事说话的时候,就偷偷跑到后面,用手机查单词,揣测他们的意思。

后来我把死胖子也介绍过来了,不过他没干多久就离开了,可能他的财力足以让他不用做这么辛苦的工作。而我不一样,我还要在这里打好基础,留在澳洲。

幸福就是有人一起留下来

感谢我的小破车,它不仅让我有了一个比较安定、愉快的工作,还让我认识了人生中第一个真正的女朋友苏苏。苏苏是个云南女孩,她来澳洲度假的时候,我的"情圣"同学小夏拜托我照顾她,我们就这样认识了。我开着车,带着她游遍了澳大利亚的著名景点,彼此都很喜欢这样的相处方式,于是,我们的关系也在短短的假日里突飞猛进。

我们经常会聊很多话题,也聊到彼此的过去,苏苏说她有过八个男朋友,这可是个让我望尘莫及的数字,相比起来,我的过去单纯如白纸。而且,我意识到,自己大概是个既傲慢又有偏见的家伙,我在心里暗暗地想，她说自己有八个男朋友，那么真实的数量恐怕更多吧？有没有二十个？是的，我就是这样疑神疑鬼，可能这也是我们没有牵手走到最后的原因吧。

苏苏度假回国后，我们俩为电信事业做起了贡献，几乎每天都要打电话到凌晨。我总想让苏苏来澳洲，我们可以一起读书，一起留在澳洲。苏苏说她会考虑，但我还是有点患得患失，要通过频繁的联系来确定我在她心中是否有一席之地。

那段日子，我几乎都是凌晨三四点才睡觉，然后一大早起床开车去上班，渐渐地，我的精力有些不足，工作的时候常常会恍惚。

长此以往，注定要发生事故——这一天，我又来到了零件仓库，应上司要求去找一个零件。很不巧，这个零件在高高的三层货架上，我需要踩着梯子上去，再沿着窄窄的边缘去拿到零件。可能因为那天我的身体状态不太好，我刚踩上去，就一脚踏空，从七八米高的三层货架上"砰"的一声摔了下来。庆幸的是，我是后背着地,而且中途没有磕碰到别的东西,否则,我大概就没有机会再讲这段经历了。

现在每每提起那天的经历,我仿佛还能感受到后背的疼痛,但在那一刻,电光石火的瞬间,我想的竟然是——我穿着 Air J 的鞋子啊,怎么会不防滑呢?

我躺在地上,半天爬不起来,我知道自己大概伤得很重。我在呼叫同事和隐瞒实情之间犹豫不定,如果叫人来帮忙,肯定会惊动警察,虽然这个事故的大部分原因是我精神恍惚,但老板肯定也会因为没有在仓库做好防护措施而被惩罚,而老板如果倒霉了,我大概也毕业无望了;若是隐瞒实情,我可以自己去看医生,然后给老板留个好印象,从而获得工作时长证明,毕业后顺利拿到绿卡。权衡再三,后一个想法占据了上风,所以我就静静地躺着,等着疼痛缓解。

两个小时后,我才一步步挪回了前面的店里,面对同事伙伴的询问,笑得云淡风轻,然后顶着剧痛和老板说我摔了一跤,要请三天假。

回到家里，我才发现自己的整个后背已经肿到不可思议的程度，大片的青紫色瘀血似乎在面目狰狞地告诉我伤得有多重。这件事我最终没有告诉任何同事，只是对我妈和苏苏哭诉了一番。我要让我妈知道，我在澳洲是在踏踏实实干活的，没有偷懒，也没有虚度光阴；而在苏苏那里，我想让她知道我是多么的铁汉柔情，我迫不及待地想要向她证明，我已经是一个真正的男子汉了，能扛、能摔。

我妈和苏苏也没有辜负我的期望，她们给了我很多的关心，让我在那些天里虽然只能趴着睡觉，也过得非常开心、满足。

大概一个月后，苏苏果然再次来到澳洲，我们终于确定了关系，成了真正的男女朋友，她是我的初恋，我们每天都在为留在这片土地上而努力，这段时光也成了我在澳洲最美好的一段回忆。

那真是一段愉快的日子，我们上学、打工、规划未来，甚至已经在畅想几十年后的样子。但人生总是如此，计划永远赶不上变化，比如我和苏苏。在最初的蜜里调油期过去之后，自然变成了按部就班的恋爱。但我也说过，我总有些患得患失，对她不太放心，所以，当她经常在外面玩到很晚，并且越来越常态化的时候，我们之间的分歧也变得越来越大。再加上我们都是异乡人，能分享心事的朋友本来就很少，有了负面情绪也只能向对方发泄。最终，我们之间发生了一次非常激烈的争吵，结果就是从此分道扬镳。

我们不怕过错，但怕错过

都说情场失意，职场得意，这大概是真的。那段时间，我的意大利老板给我签了工时证明，肯定了我的工作，于是我顺利毕业了。我和老板的儿子 Tony 的关系也一直很不错，他还给我涨了一点工资，眼看着只要拿到绿卡，我就能成为人生赢家了！这一刻，我充满了希望！

我的老板还主动问我之后有什么打算，我表达了想要留下来的愿望，他也很欣慰，说："我们也很需要你这样的人，你如果有什么需要帮助的，也可以找我。"这莫非就是传说中的——瞌睡的时候有人递了个枕头？我自然要找他啊，我还让爸妈从国内寄了一幅中国画送给他，作为回报，他给我介绍了一个律师。

因为这个律师是我老板的长期合作对象，所以我对他比较放心，就付给了他很多律师费，委托他帮我办理移民事宜。其实在当时，如果不选择移民悉尼和墨尔本等几个比较大的城市，去其他城市是非常容易的，我的同学鑫哥就是这样，他比我更早也更坚定地想要留下来，所以他寻找了各种可以留下的途径。他在毕业后去了另一个小城市，仅用一个月的时间就拿到了绿卡，也是我们同学中第一个拿到绿卡的人。

鑫哥的成功让我有点心动。但一想到要去一个陌生的城市重新开始，远离当下已经熟悉的环境，我又一次犹豫了。而且，鑫哥为了移民成功，在中介那里花了不少钱,我也有点舍不得花这样一笔钱。更何况当时我觉得我和老板的儿子关系不错,老板也一定会帮我留在墨尔本的。所以我选择放弃了那些旁门左道,打算踏踏实实地留在墨尔本,这样还可以帮爸妈省下一大笔钱。

如果这是一部小说,这时候我应该用几千字的笔墨去描绘一下这次移民事件的风云变幻以及"我心懊恼图",但它不是。我只能说,我很后悔没有抓住中介所说的最后一周的机会,所以我没能成功拿到绿卡。

难怪古人会写出"有花堪折直须折"这样的诗句,生活真的如此,我们有选择的时候,往往犹豫不决,但机会总是稍纵即逝的,错过的,就永远错过了,我就是那个错过了最佳时机的移民大军中的一员。

澳大利亚移民政策的变化速度,和他们的城市建设速度,简直形成了鲜明的对比。在澳大利亚,一条人行道可能都要修建几年甚至十几年才能完成,但他们的移民政策,只需要几个月可能就会变得面目全非。

在我去留学的时候，当地的移民政策便是挂在毛驴身前的胡萝卜，香甜诱人。而在我毕业两个月后，一切都变了。

在2010年左右，外国居民想要移民澳大利亚，无非有几种方式：技术移民、投资移民、经商移民以及伴侣或者子女移民。

技术移民的标准，是以个人积分值来算的，获得分值的项目包括语言、所学专业、工作地点、年龄以及毕业后两年内的工作合同。

雅思成绩如果达到4个7，就能获得10分积分，如果达到4个8，则能获得15分积分。众所周知，澳大利亚是个地广人稀的国家，在他们的城市里，有一些工作是很少有人做的。而且除了悉尼、墨尔本等几个大城市之外，其他的城市大多是没有人愿意移民过去的，所以这些城市需要更多的人才去建设，于是澳大利亚政府每年都会更新他们需要的工种或专业，以期通过引进国外人才来补充当地的劳动力。我留学的那几年，医护、厨师、汽车技师、律师等职业的从业人员，都在他们的紧缺名单上。所以像我这样的专业，只要顺利毕业，就可以增加10到15分的积分。

在澳大利亚，除了悉尼、墨尔本、布里斯班、珀斯以外的城市，都会被认为是"偏远地区"，如果我们选择留在这些城市，都会有相应的加分。年龄在35岁以下的年轻人，也会得到相应的加分。澳大利亚政府还规定，留学生毕业后，如果从事本专业两年，也会得到相应的加分。

总之，如果最后所有的积分加起来超过60分，就可以申请移民澳大利亚，剩下的就是等待相关部门的审批。

有一段时间，我们只要肯去偏远地区工作，就可以直接移民，我的朋友鑫哥，就是用这样的方式成功移民的。

如果我们是富豪，还可以通过投资移民的方式，只需要买几百万澳币的澳大利亚国债，同时一两年内不离开澳大利亚境内，就可以顺利移民。这当然是个非常直接快速的方式，只是并不适合于普通人。而对富人来说，如果能轻松拿出几千万人民币，那么要移民很多欧美国家也不是难事。

还有一种移民方式，即通过做生意来实现。小本生意也是可以的，可能只需要十几万澳币，开一家甜品店或者理发店，然后雇用两三个澳洲籍员工，两年内提交的财报显示盈利在上升就可以了。对中国人来说，如果选择这样的方式移民，很多人都会在当地开一家中国餐馆，而且这样可以全家移民。当然，这样的移民方式相对于投资移民来说，也有更大的风险，如果两年内生意不景气，就有可能人财两空。

伴侣或者子女移民，也是各个国家常有的移民方式。我和我的同学在做白日梦的时候，也会说要不要把自己"嫁"给一位澳洲女性，然后留在澳洲，白人女性也行，华人也可以。当然，最后我们都没有这样的机会……

澳大利亚对伴侣移民的审查非常严格，会询问你的左邻右舍和朋友，查询你和伴侣的通话记录，甚至还会把你们分开询问，如果是假伴侣，很容易被发现。

移民中介通常建议大家选择用做生意的方式移民，因为成功移民后可以把生意转让出去，这样几乎没有损失。同样，想要移民的人，可以买下这样的一家小店或者工厂，以完成移民手续。

符合澳大利亚的移民条件之后，可以有两种申请，一种是"PR"，即 Permanent Residency，是指长期居留权，也称澳洲绿卡；另一种是选择拿澳大利亚国籍 citizenship。但因为中国人只能有一个国籍，而很多中国人都不愿意放弃中国国籍，所以通常会选择 PR 的方式。不过 PR 有时间限制，一般是五年的有效期。在这五年中，要求申请人没有犯罪记录，而且要在澳洲居住两年半以上，这样就很容易续签 PR。

持绿卡的人和拥有澳大利亚国籍的人（公民），享有几乎同等的福利待遇，唯一的差别是，后者拥有投票权。澳大利亚每两年有一次政府改届之类的投票,作为公民,如果不投票,是要缴纳罚款的,这和我们的做法不一样。

澳大利亚还有一种工作签证,从海外引进工作,一般来说不允许随意换工作。还有一种旅游签证,一般在三个月左右,不像日本、美国之类的国家有几年的有效期。后来我还了解到有表演签证、军人签证、外交官签证等等,但这些都属于特殊签证,一般人用不到。

对留学生来说,移民难度增加了,不再是只需要有份体面的工作,而是需要拥有高级技师的资格,这意味着,雇主愿意付给我们高级技师的工资才可以,那个工资是我当时工资水平的 1.5 到 1.7 倍,对当时的我来说,这基本是不可能达成的。另外,对英语能力的考查也提高了一个档次,当然,这方面我应该没有问题。

在了解到最新政策的第一时间,我便联系了那个律师，他安慰我说："不要急，我来处理。"但很长时间之后，依然毫无进展。我有点着急了，追问他究竟能不能办妥。律师也终于说了实话："这个问题最后还是要看你的老板，他如果不给你涨工资，那就是不可能的。"

于是我又打电话给老板，这次他却是一副事不关己的态度，说他只是给我介绍了一个律师，其他事情和他都没有什么关系，我只能找律师解决。

我没有任何办法，只好去律师行找律师问问清楚。但这个律师那天恰巧很晚都没有出现，我等了两个小时之后也终于耗尽了所有的耐心。于是我就和他的助理嚷嚷了起来，连门口等着的几个印度客人都被我的声音吸引了过来。我当时真的很生气，直言这个律师是个骗子，助理报了警，警察听了我的情况，也只是冷冷地说："移民不成功很正常，你就回国吧！"于是我被赶出了律师行。

我的老板也听说了我在律师行的所作所为，他指责我不该如此。但盛怒中的我，怎么可能听得进去？不仅如此，我还要找老板算账去！

回到修理厂，我埋怨他不负责任，给我希望又变成那样的局面，我希望他能继续给我提供帮助。我还撩起衣服，让他看我后背的伤疤，告诉他我那次的工伤经历，企图让老板感动于我曾经多么维护他。但他也像澳大利亚的政策一样，说变脸就变脸，他只说如果我再威胁他，他便要报警了。

结局大家都想得到，我失去了一切，爱情、工作、绿卡，都没有了。

回家看了几天喜剧，颓废过后，我又回到了修理厂，总要赚到回国的路费吧！老板答应让我再做一个月。在那一个月里，我几乎不用干什么活，每天还是找找零件，而闲着的时候，我就蜷缩在仓库的一角，默默哭泣。那时候真觉得自己一事无成，人生没有任何光亮。

在离开澳洲的一周前，我终于和爸妈坦白，说自己辜负了他们的期望，不能留在澳洲了。我爸妈听完我的话倒是没有任何伤心难过，或许他们心里并不希望我离开故土，我的客观不成功，反倒让他们松了一口气。

上海，你准备好再次接受我了吗？

第 7 章
这个世界应该充满想象力

我在演出中也会碰到被人打断提问的时候，比如，有次我把"牵手失败"的故事带到澳大利亚表演，有人突然问我："嗨，Storm，你是给老外表演，还是给华人表演？"

我没有回答，而是反问他："听说中国南极科考队员在南极举办了足球赛，那他们是给人看还是给企鹅看呢？"台下笑倒一片，问我的人也囧囧的。

> 为自己而活,可能是很多人的终极目标,有些人也许没有意识到;而有些人,却意识得有点早。没有意识到的,浑噩一生;太早意识到的,我们叫他们叛逆小孩。

我的心蠢蠢欲动

不得不说,国内的城市化建设速度,比国外快太多了,我回到熟悉的城市,却有了一丝丝陌生感。与狗子、小夏狠狠聚了些日子之后,我再次打起精神,准备投入工作。好在此时的我已经有了一个被认可的学历,找工作应该简单得多。

我也不局限于汽车相关的工作,同时还关注与喜剧相关的工作,我想如果能有表演的舞台,自然是更好的。

一如既往，我爸妈对我没有太高期望，他们建议我去给外企领导开车，说我懂外语，又懂汽车，两全其美。我的朋友们则建议我广撒网，只要按照求职网给出的大概条件，筛选出符合标准的工作，群投简历就可以了。我觉得朋友的建议比爸妈的建议更靠谱，于是我在网上群投了一堆简历。

不仅如此，我还去4S店里应聘，但可惜，他们认为上海本地的孩子做这类工作的实在少之又少，再加上我的留学经历，让他们对我的工作经验和吃苦能力将信将疑。当然我得承认，其实我也不喜欢那些4S店，看着那些技师没有按照规定穿铁头鞋操作，甚至有的人还叼着烟修车，我的心里有着说不出的苦涩。被拒绝就算了吧，反正我也没法忍受这样的工作方式！

朋友果然是靠谱的，靠着群投简历的方法，我在回国一个月后，就成功入职了一家日企零件公司。我爸妈也很高兴，觉得我终于成了一个可以让他们炫耀的孩子，留学归来，工作体面。

但只有我自己知道,我的那颗喜剧之心,在蠢蠢欲动。

我只有自己的处女秀

当然,对我来说,喜剧依然遥远,养活自己才是当务之急。于是我去了那家日本贸易企业工作,他们的主营业务是销售各种汽车零件。我爸妈和千千万万的父母一样,在我找到这份看起来还算体面的工作之后,他们终于觉得扬眉吐气了,亲戚朋友聚会的时候,他们也会骄傲地说"我儿子从澳大利亚留学回来,现在在外企工作",然后收获一堆羡慕。大家都觉得,体面的工作,无外乎是做公务员,或者在事业单位、外企工作。

但对我来说,工作就是一种谋生的手段,我还是那个心在澳大利亚的迷茫少年,每天工作之余就是看喜剧表演。那时候国内已经有一些团队在做喜剧相关的工作,比如谷大白话,他们会翻译一些外国的喜剧作品;再比如,黄西在白宫表演脱口秀。日复一日地,随着我观看节目的增多,我的心也对喜剧有了更深的渴望。我向往这样的生活,希望有一天我也可以自由自在地表演喜剧,给大家带来欢乐的同时,让自己无拘无束的灵魂得以放飞。

2012年,对单人脱口秀表演来说,是个不错的年份,《壹周立波秀》《今晚80后脱口秀》都吸引了一大批观众,也让类似的喜剧表演在中国开花结果。我也很庆幸我在上海,无论何时,这里都是一个最先与世界接轨的年轻都市,所以当我想去看一次现场表演的时候,也绝不会失望。

我在搜索引擎中,郑重打下几个字:Stand-up Comedy 上海。之后,俱乐部 K 出现在网页上,我浏览了一番,决定去参加他们的"OPENMIC(开放麦)"活动。我想去看看他们的演员是中国人还是外国人,想了解他们的表演是怎样的,没有什么比自己去看看更好的了！于是，一天下班之后，我收拾了一下自己的装束，便赶到了他们那里——进贤路上的一个小酒吧。去了才发现，这个表演室，就是酒吧里的一间休闲室，平时供客人打打桌球，每周三便重新布置一下，变身成一个喜剧表演的场地。

这个喜剧俱乐部的负责人叫Andy，我在网上和他简短对话过，知道可以免费参加，才有了这一天的行程安排。到了酒吧，才发现Andy是个澳大利亚人，算是一种奇妙的缘分。与电视上的表演不同，那天的表演没有聊到世界格局，也没有国际政治，全程几乎都是围绕着本地话题展开的小笑话，但现场气氛轻松，观众时不时发出爆笑，看得很愉快。

看完表演，我突发奇想，于是找到Andy，问他："我能不能来表演？"Andy也很爽快，直接给了我肯定的答案，并且现场就让我报了名，下周三就上台表演。

不得不说，有目标的人和无目标的人，生活状态是多么的不同。在此之前，我几乎每天上班都是浑浑噩噩的，完成既定的工作任务后，就开始发呆，时而陷入迷茫。而这一周，我的状态完全不同，我白天想着上台了要讲什么，晚上想着我应该如何管理自己的表情，用"废寝忘食""坐立难安"来形容也毫不夸张。那几天，再也不像平时工作时那样感觉时间漫长，而是觉得时光如白驹过隙，一晃就过了。

我之前一直很喜欢 Chris Rock（克里斯·洛克）、Dave Chappelle（大卫·查普尔）、Bill Burr（比尔·伯尔）、Patrice Oneal（帕特里斯·奥尼尔）等人的表演，他们在节目中讲述自己真实的生活和观点。所以我想，我也要讲我的生活，讲那些让我头疼或者让我心有余悸的留学经历，用抱怨的方式来调侃生活与爱情。那些天，我把所有的业余时间都用来准备段子，争分夺秒地推敲每一个细节。

2012 年 12 月 12 日，周三，我第一次登台了。还是在那间酒吧的小房间里，我已经想不起来当时是不是紧张，只记得直到上台表演前，我还在对照着小纸片一遍一遍地模拟表演。

那天的主持人是个大胖子，他洪亮的声音通过麦克风传入每个人耳中："下面上台的是 Storm，这个名字很有趣，这是他的第一次个人表演。"那天的观众也不过十几个人，几乎都是外国人，我们也都是用英文表演。我上台后，就讲起了我在澳大利亚的经历，中间还穿插了两个关于刻板印象的成人话题，当时我还以为这种话题是脱口秀表演必有的话题，后来才知道，事实并非如此。

我对那天的印象已经不多了，只记得台下也有几次笑声，但我心里又清楚，好像不是因为我的段子好笑，而是因为我这个人看起来傻乎乎的，让他们觉得好笑。但他们的笑声中没有恶意，也没有嘲讽，最多只能算是友好的嘲笑。

表演结束后，我问 Andy 怎么样，他说还行，下次有空再来。但接下来的两周我都没有再登台，只是在一个周末，又买票看了一次他们的表演。那时候他们也会请一些国外的喜剧演员来上海表演，门票一百五十块一张，我当时的工资大概有三四千块，相对来说，门票不算便宜，但尚可接受。那次表演也不错，我看得很高兴。

而我自己，大概是因为第一次表演用尽了全身的力气，心里的劲儿泄了之后，便找各种理由不想继续下去，比如离家太远了，比如上班时间太赶了……

那次上台表演让我看到了自己和真正的喜剧演员之间的差距，这就好像，我们不踢足球，就可以想象自己是梅西；不打篮球，人人都可以是勒布朗·詹姆斯。而我上过台了，才知道自己不是 Chris Rock，和黄西比也差得很远。

表演需要千百次的打磨

对很多非职业演员来说，能有一次上台表演的机会，似乎已经完成了人生目标，我当时也有过这样的想法。我安慰自己：我已经上过台了，效果还不错，人生目标已经完成一个了，梦想实现了，已经足够了，不是吗？

2013年元旦之前，Andy联系了我，他说："朋友，你什么时候再来表演一次啊？这次在浦东。"那一刻，我没有去想交通、距离等现实问题，大概潜意识中，我还是热爱表演、渴望登台的，所以我很爽快地答应了Andy的邀请。

于是我又开始了紧张的准备工作，这次，我想讲一些完全不一样的内容。

这也是我对喜剧表演的理解误区。剧场表演不同于网络表演，不需要每次都求新，相反，一场好的表演，一定是经过了几十次甚至上百次打磨之后的成熟表演，每次表演后，可以有些许调整，再根据临场发挥做一些小的修改。喜剧创作，也和体育训练或者歌唱表演一样，讲究"唯手熟尔"，每一次的练习与表演，都是精进。

那一次的浦东表演最终没有成行。那天我辗转两个小时到了场地之后，那里的人说当天的表演取消了，联系 Andy 才知道，他忘记告诉我了。大概因为我当时的心情非常好，所以一点也没有责怪 Andy，只是告诉他下次有活动可以再通知我。

第二次上台的机会来得很快，也就是一个星期后吧。还是进贤路的酒吧，同样的房间，同样的舞台，不同的是观众和我的表演内容。那天我还带了两个朋友过去，但我的表演远远没有第一次好。这可能也是喜剧表演的特点，第一次有陌生感与新鲜感，观众会兴奋，第二次，这些就都没了，便落了俗套。

之后的很长一段时间，我没有再登台，而是认真地工作。我爸妈也不支持我花费太多精力在表演上，他们还是觉得工作才是正途，仅仅把表演当作兴趣就好，还是不能当作职业。我爸妈还举例说我的工作有多好——知名日企，领导器重我，经常带我出差。天地良心，我当时只想告诉爸妈，带我出差只是因为领导需要一个打理杂事的助理，和器重真的没有一毛钱关系！

就这样，直到2013年春节，我都没有再上台表演，而是老老实实地上班。但我大概天生是一个无法安于现状的人，我越努力工作，就越讨厌这份工作，春节后的一段日子，我甚至每天都想离职。我又开始去表演，我也不再讲我在澳大利亚的生活有多辛苦、多苦闷，我只讲我现在的生活，我的领导有多蠢，我的同事有多滑稽。我开始习惯每个周三来回奔波三四个小时，只为了在台上的五分钟表演。

那时候，Andy的小剧场每次只演出一个小时，有十二个演员，所以每人只有五分钟，也没有固定的表演顺序，谁先到了，就在签到簿上签上自己的名字，按照签到顺序上场。因为我离得比较远，所以常常是第十一个到场，也有几次甚至没赶上前十二名，错过了表演。但即使错过上台的机会，我也会在下面坐着看完所有人的表演，我也渐渐爱上了这样的周三。

我真的无须例外

那段时间，我看了一些喜剧演员的专访，他们提到自己的早期生活，竟然和我的经历如出一辙，我们都是从小剧场表演开始，他们也经常辗转几个小时赶去给十几个人或者几十个人表演，得到几次漠不关心的掌声，然后再默默回家。所以，我的现在，就是他们的曾经，这几乎是每一个喜剧演员的必经之路，我又何必不满？我会不会感到受挫？当然会，但不要紧，大家都是这样的，我也无须例外！

工作了半年多后，我终于辞职了。

我爸妈听说我辞职了打算去做职业演员，也没有生气，他们大概已经对我"放弃治疗"了。无论何时，我都很感谢他们对我的包容。

那时候我的表演已经有了一些进步，有几次台下的观众也会发出爆笑，而且我知道，已经不是最初那种因为我的蠢萌而笑，而是真正因为我的段子有趣而笑。从 2012 年年底开始登台，到 2013 年决定全职表演，我没有怎么考虑自己的前途，我做这件事只是因为喜欢。

我当时想，我一个月只要一千五百块生活费就好，我天天坐地铁，吃路边摊，一顿饭花五块钱，也可以活得很好。所以，表演吧，像没有人欣赏一样；快活吧，像没有收入一样（是的，我那时候的表演，是没有收入的）！

我给自己定了四个目标，第一个便是要上一场收费的演出。Andy 组织的表演中，也有收费的表演，我渴望有一天成为他们的收费演员。第二个目标，我要拥有我的专场海报。第三个目标，我期望去澳大利亚表演一次。这大概就像是人成功了之后渴望衣锦还乡一样，我在澳大利亚很受挫，于是便想着等我成功了，一定要到曾经跌倒的地方叉着腰大笑一会儿，去证明我也可以骄傲地站在澳大利亚的土地上。最后一个目标，我想上 Comedy Central（美国喜剧中心频道），主持奥斯卡。我喜欢的 Chris Rock 也主持过奥斯卡，而美国的喜剧演员都爱上 Comedy Central，我也要这样，他们就是我的目标。

令人高兴的，截至 2020 年 4 月，我几乎达成了全部的目标，除了没能主持奥斯卡。

笑话和出格是一对双胞胎

喜剧是个很神奇的存在，每一个喜剧演员都在使尽浑身解数讲笑话。而只要讲笑话，就很可能会说一些出格的事情。笑话和出格是一对双胞胎。我们认同一个笑话的价值观，就会觉得这很好笑，反之，如果我们不认同，就会觉得这很出格。演员在尝试让人笑的同时，就是在进行一次次冒险，在出格的边缘试探，看看人们能接受的边界在哪里。

奥斯卡也一样，因为凯文·哈特出格了，奥斯卡从此不再设立主持人。我宽慰自己，不是因为我不努力才不能主持奥斯卡，而是人家不需要主持人了啊，就当我完成了吧！

2013年的春夏之际，我沉浸在表演中，一直在上台表演，持续了三四个月。Andy有个美国朋友T在苏州也组织了一些演出，他问Andy有没有合适的演员，Andy推荐了我。T就联系了我，邀请我去苏州表演，而且他会给我支付来回的车费。这个邀约真的让我很兴奋，我觉得我的第一个目标达到了！即使这次不是真正意义上的收费表演，但对方已经为我花了钱，这是对我的肯定啊！俗话说念念不忘必有回响，我当时的感觉就是如此，半年的努力终究没有白费，Andy他们看到了我的进步，也肯定了我的努力，所以才会对我发出这样的邀约。

那句话说得很对，机会是留给有准备的人的。在那半年的时间里，我每周至少登台一次，有时候是两次，不惧交通和天气等原因，场场必到，也让观众从寥寥无几的"善意嘲笑"到发出真正的爆笑，这是我的机会,也是我的准备。

其实,我是一个质检员

完成了第一个目标,并没有给我的生活带来实质性的改变,我依然有现实的压力——周围的人用眼光告诉我,我得找工作了!

我又找了一份工作,和汽车没什么关系,是在一家室内装潢公司做质检员,日常的工作就是巡视各家供应商,然后检查商品质量。

那时的我有点浮躁,已经开始和同事说我是一个"喜剧演员"了,现在想想真是好笑,我顶多算一个表演者,还称不上一个"演员"。但当时我不懂,就像现在的一些人,在视频平台上发表了两首歌就敢说自己是歌手一样,未免拉低了行业门槛。

随着我的表演越来越纯熟,参加的付费场也越来越多,这些报酬当然不可能让我暴富,但我把它们当作激励，至少，它们是我努力之后被肯定的见证。就这样，到2014年年初的时候，我已经成了Andy剧场的核心演员之一。当时的核心演员有十七八个人，除了我之外都是外国人。我想，时机差不多成熟了，我的质检员工作应该可以不用再继续了，还是辞职专职做喜剧吧。然而，万万没想到，我还没有付诸行动，就发生了一件令我猝不及防的事情。

上海的国际展览中心每年都会承办一些盛大的集会，包括家装行业的。我们公司也参加了这样的年会，和全世界的家具厂商一起，展览本公司的产品。我们是一家加拿大公司，属于家族企业，老板是董事长，他的儿子就是继承人。那次年会，过来参加的就是这个公司的"太子爷"。中国区的总经理让我们好好表现，给"太子爷"留个好印象。我是个闲不住的人，规矩了两天就觉得无聊，便在展会上开始和同事们讲起了笑话。

具体讲的什么我已经不记得了，大概就是在模仿公司高层讲话。公司高层有一个伊朗人,一个加拿大人和一个美国人,他们的汉语口音都有点滑稽,我就模仿他们说话,来娱乐自己和同事。但事有凑巧,就在这个时候,总经理陪着"太子爷"过来了,他们倒也没有指责我的不务正业,只是看到地板上有一个污渍,便让我去擦一下。我当时大概讲笑话讲得正兴奋,想着外国人不是都很幽默吗,那我用幽默感给他们留个好印象吧!于是,我没有去拿拖布,而是用脸蹭着一块抹布,去擦地上的污渍。

所有人都惊呆了!而我,还觉得自己那一刻简直是喜剧大师,一边擦一边和"太子爷"说:"You see, I'm wiping the floor, yeah, that's how we wipe in China.(你看我在擦地板,我们在中国就这样擦地板的。)"周围的中国同事也看傻了,我想大概没有人能欣赏我的幽默。

大概一周之后,我发现我的工作开始诸事不顺,不到一个月,我就收到了单位的辞退信。我去理论,他们说我工作不认真。我很生气,反驳说:"我一直都工作不认真啊!"他们终于说了实话,因为我在展会上的表现让加拿大的"太子爷"太震惊了,上海公司才做出这样的决定。

我得说,那时候我是真的开心,终于有一个正当的理由和爸妈说了,而且还得到了一些赔偿,那真的是一次一举两得的表演。

又见面了,澳洲

2014年年底,我再一次开始全身心投入喜剧表演了。那时候我基本还是以英文表演为主,经过两年多的打磨,我的英语表演已经日臻纯熟。偶尔也有一些小的中文俱乐部请我过去表演,我想这有什么?我肯定可以的。去了才知道,虽然中文是我的母语,但初次登台,讲起来只剩下尴尬。到现在我还记得那次讲的几个中文段子,真是名副其实的"冷"笑话。

有一个段子是这样的:

  我觉得喜剧可以做上门服务,像快递上门一样,我们去敲门,然后主人开门了,我们就可以和他们说:"你好,这是你点的段子,普通话请按1,上海话请按2,英语请按3,日语请按4……"

现场的观众也有少部分人象征性地拍了拍手,算是鼓励我,但我的演出毫无个人特色,缺少对生活的观察。我知道如果一直这样下去,那我的喜剧之路大概也不会长久,我还是要更多地去发掘生活中的幽默,再把我的发现讲给大家听。好在多年的表演,让我的英语水平有了很大的提高,于是我把生活中的小事编成了英语的小段子。

比如有关于银行的。

我们每次去银行,都会发现银行的签字笔上绕着一根线,线的另一端,固定在柜台上的笔帽座。我就和银行柜员说,你觉得我会拿走你们的笔吗?我们把这么多钱都放心地存在了你们的银行里,而你们,却不放心你们的一支笔?

也是因为这样,我有时候会在银行耍一点小脾气,成就了另一个关于银行的小段子。

我带了总额五百元的纸币去银行,和工作人员说,我要换成五百元的硬币,银行的人给我换了。然后我又排队,和工作人员说,我要把我的硬币,换成纸币。然后我又排队,再换成硬币……反反复复几次之后,银行的工作人员就生气了。我也不和他们吵闹,只是在最后的评价上,我果断地按下了"不满意"的按钮。

就这样,我勤勤恳恳地积累我的生活素材,在上海、北京、深圳或者其他地方继续表演,一点一滴地进步。厚积之后,我自然期待薄发,而机会就在2015年年中出现了。当时澳大利亚墨尔本国际喜剧节的导演(制作人)Gideon来到了上海,和SMG(上海东方传媒集团有限公司)谈一些引进剧目之类的合作,顺便想看看有没有讲Stand-up Comedy的好苗子。Andy就跟他说:"我这里刚好有个中国人,叫Storm,还不错,你来看看。"

Gideon来看表演的那天是个雨夜,人很少,等我们都表演完了,他和我说:"Storm,留个联系方式。"我就给了他我的邮箱。后来他联系我了,问我想不想去澳大利亚旅游。我很惊喜,竟然这么快,仅仅三年,我就可以去表演了吗?他给了我肯定的回答:"是,我们邀请你参加2016年春天的表演。"他们会承担我所有的花费,并且会额外支付我一笔演出费。

我没有想到我的人生目标这么快又达成了一个，我欣然答应。

澳大利亚的喜剧节是世界三大喜剧节（墨尔本喜剧节、蒙特利尔喜剧节和爱丁堡喜剧节）之一，每年会有一个月的时间在表演喜剧，其他十一个月在做准备。他们会邀请全世界超过六千组的喜剧人来参加盛会，组织超过十万场的表演。表演的形式也非常多样，有专门为小孩表演的，专门为残疾人表演的，专门为听障人士表演的，专门为女性表演的，还有按照地域分的亚洲人专场，等等。我一直希望上海也能发展出这样的多元化表演，包罗万象，包容世界上的各种文化。而我，是他们邀请的第一个来自中国大陆的表演者，这在一定程度上也让他们的包容性更进一步。

虽然我是第一次参加，但并没有因此给我降低难度。在二十四天里，我有二十二场表演，再加上其他的一些小的演出，几乎每天都要表演几场。与其他在剧场演出的喜剧节不同，这里几乎处处都是剧场，书店、咖啡馆、旅馆、地下室,都可以是表演的场地,甚至连警察局、市政府、市长会议室也可以作为表演的舞台。总之,在那些日子里,只要是能坐人、站人的地方,都有喜剧表演。

体育馆里上千人的表演算一场演出,咖啡馆里几十人也算一场演出,像我这种立志从事喜剧的人,在那一刻都觉得震撼,太多的喜剧风格和种类,来自世界各地的喜剧人齐聚此地,有很多人甚至是自费来此,像我这样第一次便是受邀前来参加表演的,少之又少,我感到非常幸运。

后来的几年,我陆续去参加了几次澳洲的喜剧节,但之后我都是自费前往,在那里表演、收门票,勉强可以达到收支平衡,但对我来说,收获远不只是金钱方面的。

第四个目标

那个时候,我在中国其实还没有开过个人专场,每个月的演出,中英文加在一起,收入也不过上千元,少到我开始为了生计发愁。我爸妈也在不停地催我去上班,我有点烦,就去找 Andy 取经。我和 Andy 相识已有两三年,从普通的熟人渐渐成了朋友。他和我说,作为一个职业喜剧人,不仅要上台赚演出费,还要参加一些其他的活动,写稿赚钱,或者通过上电视赚钱。

我决定了,我也要上电视,去完成我的第四个目标。很快,我真的上了电视,但遗憾的是,我第一次上电视,参加的不是喜剧表演节目,而是相亲节目。

还记得小夏吗,我们的交际达人,他当时在广东卫视工作,也知道我的所有故事,他就对我说,要不就去广东卫视分享一下我的悲惨故事吧。我问了他一个关键的问题:"有钱吗?"小夏说:"有!"那还有什么好说的,上啊!

于是我见了广东卫视的节目总导演,聊了聊我的凄惨故事,什么超级大屏幕啊,什么万里追爱没追上啊,都详细地讲了一遍。总导演听得起劲,问小夏:"上海也有这种极品的吗?"小夏想了一下,对他说:"嗯,不对,在上海不叫他们极品,我们上海比较洋气,叫他们 Loser(失败者)。"总导演很开心:"Storm,你的故事太好了啊,我们就需要你这样的人来上节目,可以丰富我们节目的层次感。"事情就这么定了下来,他让我不要有压力,像平时一样,real(真实)一点,real 就是我最大的特点。

我觉得他是在表扬我!所以我很开心地和他讨论要穿什么衣服、怎么讲话。对了,我还把我的工作定位成"质检工程师"。一切敲定,只等上场。

导演还告诉我,上了节目说话不要装腔作势,保持真实的自我就好。现在我知道了,导演真是撒了一个善意的谎言。恋爱是什么?恋爱就是用一个个谎言织成的美妙感觉啊!谁也不会在恋爱之初就放飞自我的，大家总会包装一下自己，比如说自己喜欢听陈绮贞的歌、看黑泽明的电影，谁也不会一上来就告诉人家自己喜欢抠脚皮、挖鼻屎，不然怕是要凭实力单身一辈子了。但我是个穷演员，还是个 real 的人，所以我信了他。

一周之后就是拍摄日，那天我穿了白衬衫黑裤子，腰带扎在外面，感觉自己就像是个真正的工程师。进了化妆间，人很少，我在长凳子上坐下来，对面就是镜子，越看越觉得自己真是帅得不得了，我就默默地欣赏着自己，等着其他人。化妆老师进来后，也看着镜子，说："你很帅嘛，我稍微给你化一下就好了，不用浓墨重彩了。"我很赞同。后来这个老师又说我穿得不够潮，应该更嘻哈、hip-hop 一点，于是他把我的衬衫拽了出来，把我的衣领也立了起来。

我当时不知道这是个圈套，还很同意化妆老师的话，于是，我成了一个装在衬衫里的人，身体的三分之二被衬衫遮住。但化妆老师说我"朴实的样子最帅"，我信以为真。

这个节目叫《天作之合》，和《非诚勿扰》一样，流程也是主持人介绍嘉宾，嘉宾介绍自己，再讲一下自己的心路历程，还要有一个才艺表演，然后十个女嘉宾选择亮灯或是灭灯。同样，这个节目也邀请了一位心理专家作为专业导师，我参加的那期的导师是微表情专家姜振宇，他会在男嘉宾介绍完自己的心路历程后，根据嘉宾的发挥和微表情进行点评，之后，才是女嘉宾做选择。

我是那天的第三位男嘉宾，在后台，我能听出前面的两个男嘉宾都很出色，一个是来自马来西亚的华侨，另一个来自四川成都，条件都很优秀。但很遗憾，他们都没有牵手成功，我想他们肯定是不那么帅，或者没有我这样的才华。

"好可惜啊，两位男嘉宾都没有坚持到最后，那么继续我们的录制，有请我们的三号男嘉宾上场。"我一边听着主持人说话，一边准备上场。

"姓名徐风暴,年龄二十六岁,职业质检工程师,籍贯上海,年薪……"

说起年薪,当时我告诉导演,我的月工资也就三四千块,年薪拿不出手的啊,所以我谎称自己年薪八万。我想,年薪八万,多厉害呀,什么样的女孩看不上我呢,一定都觉得我很厉害了,上海富二代!

回到现场,我刚准备上场,就听到一片"啪啪啪"的灭灯声,等我终于走到台上,还没来得及开口,十盏灯已经灭了八盏。主持人看着我的形象,忍不住奚落我真是太随意了。但我是谁,我是徐风暴啊,什么样的场面没有见过?我觉得知己不在多,两个就够了,于是我自信地讲述我的心路历程,带着表演性质地讲了二三十分钟,滔滔不绝。

我讲完之后,姜老师就开始点评我,说我不可靠、有多动症、表现很紧张等等,总之都不是好评。但最后的两个女生竟然都没有灭灯,我很开心,她们竟然如此欣赏我,我该选哪一个好呢!

我和她们聊了一下,她们说想看看我最后还有什么才艺。我到这时还不知道这又是一个圈套,真人秀节目,就是为了把时间拉长,让我像傻子一样表演,最后再被淘汰,好让节目有看点。所以,我顺利地走到了才艺展示环节。

前面两个男嘉宾的才艺表演,一个是颠球,一个是弹吉他,相较他们,我没什么才艺可以表演,我就说,那我还是讲几个段子吧,毕竟我是个喜剧演员。

于是我讲了银行排队的段子,又讲了一个关于声音的段子,我问大家:

> 夏天我们走在路上,汽车会发出什么声音?
> (我自问自答)"嘟嘟嘟"声对不对?
> 那夏天打雷的时候是什么声音?
> (还是我答)是"轰隆隆轰隆隆",对不对?

晴天的时候呢?

(当然我答)是"知了知了"的声音对不对?

下小雨是什么声音?

(必然我答)是"滴答滴答"的声音对不对?

那下大雨是什么声音?

女嘉宾面无表情,我自己揭开答案:"十块钱一把,十块钱一把,再不买雨要下大啦!"

我把自己逗得哈哈大笑,而台上却一片静默。

当时我几乎和两位女嘉宾面对面,在我讲到知了的时候,她们没有一个人笑,而在我问下雨天声音的时候,她们不约而同地灭了灯,然后我的笑声、灭灯声、《可惜不是你》的歌声同时响起……

这是我第一次上电视的经历,回想起来,只剩下蠢了。当我愤然离场的时候,才意识到被节目组耍了一道。这让我原本还想和朋友炫耀一番的心也凉透了，只想等着节目播出的时候，看看他们是怎么耍我的。

还好我后来没有在自己的朋友圈里大肆宣传这次上电视的经历，因为这个四十分钟的节目，给马来西亚男嘉宾二十分钟，给成都的男嘉宾十九分钟，而我只有一分钟。这短短的一分钟，他们还配了个标题——"男生几次为爱疯狂，最终牵手失败"。

这一分钟的剪辑也很有技巧，保留了"年薪八万"的介绍，其他的都是一路快进，只突出了姜老师的那句"这个男生很紧张，心里一定有鬼"，便再次快进，到最后两个女生灭灯，主持人让我不要再说了，结束。真是一场非常精彩的剪辑，只用一分钟，就让我的"Loser"形象丰满地呈现在电视上。

但人生总要继续，一次犯蠢也没有什么大不了的，迷茫的时候我还可以去打球。还记得那些被我"虐"过的成年人吗？如今，我成了他们。开始有十四五岁的男孩抱着球盯着我看，正如十几年前的我一样，而此时,"前浪"是我。

理解,真是个奇妙的词

尽管我的中英文表演都进行得如火如荼,但依然不能给我带来多少财富,所以我又屈从于现实,重新找了一份工作。这份新工作,是我所有做过的工作中最接近专业的一个,是在上汽集团做一个试驾工程师,负责给新车的性能做评估。这份工作也是海投得来的,待遇不错,工作也比较轻松。如果一周出差三天,那么剩下的四天就可以休息了,所以我也有很多时间继续我的喜剧事业。

那时候我和 Andy 因为理念不同,经常会在工作上出现分歧,所以我渐渐有了自己单干的念头。这份新工作,也给我的这个念头提供了资金支持。就这样,我创办了"喜剧联盒国"俱乐部。

单干之后,我也有了很多新的烦恼,比如我和

Andy共同的朋友表示不理解,毕竟我们算是老朋友了。又比如,我前期投入多,收获少,便常常会心不在焉,和朋友相处时也会显得不耐烦。在留学回来之后的几年,我和狗子这帮朋友的联系就没有那么多了。并不是我变了,而是我和他们走了不一样的人生路,他们娶妻生子,而我,还在到处折腾,我们的共同话题越来越少,自然也理解不了彼此的烦恼。有一次,我和狗子约着见面,看我愁眉苦脸的,狗子便问我怎么了,我说没什么,说了他也不懂。狗子追问,我就跟他说最近和一个老外做生意,然后不开心,He said I lie to him(他说我骗他),我说他sabotage(蓄意破坏)我的名誉……

这也是上海人的特点,喜欢讲英文。我就中英文夹杂地和狗子一通诉苦,并且非常生气。狗子没有听出我在生气,反倒说:"哎哟,好好讲一件事情,你炫耀什么英语啦,找不着工作,去做英语老师好啦。"

回家之后,我小姨正在我家和我妈闲聊。她们看着我气冲冲的,就问我怎么了,我拗不过她们,就又讲了一通。我妈自然也不理解我为何生气,她只对着我小姨评价了一句:"侬看看,我儿子英语说得好伐?"我小姨也接了一句:"哟,英语这么好,怎么都找不到老婆,是不是不喜欢女的?"

后来我想,大概这就是留学的代价,他们没有相似的经历,理解不了我。那我就找个同样有留学经历的同学,讲一讲我的愤怒。我找到的就是L哥,他当时也在上海,我和他见面,聊着近况,自然又提到了这桩不开心的事儿。我就说:"I don't think it's fair just don't seem to be right.(我觉得不公平,虽然看起来像是正确的。)"L哥一定懂我,他也确实懂了,他说:"哎呀,Storm,我跟你说过很多遍了,是He doesn't seem to be right,而不是He don't seem to be right。"

理解,是个多么奇妙的词啊!

我很喜欢汽车测试驾驶员的工作,听说我要去澳大利亚表演,公司里也给我行了方便,让我挪了假期。

因为又一次回到墨尔本，出于礼貌，我也和苏苏以及留在澳洲的朋友见了一面，其他的时间，都在准备我的第一次跨国演出。

主办方把我的表演放在了一个叫作"亚洲喜剧人拼盘秀"的节目中，一共有五个喜剧人，分别来自印度、新加坡、马来西亚，还有就是我和一个来自香港地区的喜剧人，每人讲十五分钟。也是从这一场表演开始，我发现我在上海剧场里讲的那些笑话，很多并不适合在这里讲。澳大利亚的观众不了解上海人的生活，他们没有看过《非诚勿扰》，他们的银行柜台上没有用线固定的笔，所以他们理解不了我的笑话，自然也不会觉得好笑。但如果我讲孩子和父母之间的矛盾，全世界的人都可以理解，都会觉得很好笑。

第一次个人专场

不同于相声等喜剧表演形式，脱口秀演员很自由，不需要太多师承限制,也不需要限定语言和表现形式,中文有中文的妙处,英文有英文的魅力。所以我就这样入了行,从观看表演,到自己表演,再到一步步扩大表演范围。

2014年的一天,依然在Andy那个小酒吧的剧场,我终于实现了我的另一个目标,开了一个脱口秀个人专场。值得庆幸的是,当时的我一点都不紧张,毕竟我想的最多的是怎么让三十人的场地坐满;当然,我也没有兴奋,因为观众中有一半是我的朋友。

我就像个保险推销员,刷脸求支持。

结果,他们很给力,带着鲜花来给我捧场。而直到开场,我才想起自己忘了最重要的事——我的朋友好像听不懂我的英文笑话!

不过,时间的磨砺已经让我的心脏足够强大,第一次个人专场的滑铁卢并没有给我带来什么伤害,而且,不久之后我就收到了一张来自北京的请柬,我想可以再次尝试我的专场了。

在我的认知里，北京对语言类综艺节目的接受度要远远高于南方城市，无论是相声还是小品，都能在那里找到成长的沃土。我也一样，在北京的两场演出，无论是英文场还是中文场，观众的热烈反应都让我拥有了前所未有的成就感。

北京还有很好的文艺氛围，记者、学生、作家都非常多，他们仿佛天生知道怎么给人捧场，开怀的甚至放肆的大笑是给表演者最好的打赏。

当时我表演的场地，是三里屯的老书虫书店，这是个非常特别的地方，一脚踏入之后，就好像可以甩掉尘世的包袱，彻底放松自我。直到现在，我每次去北京，都要去这里转一转，我也不是很理解这种感觉的由来，它只是吸引着我，让我不舍得错过。

说起来，这个场地也和书店一样，并不特别，方方正正的一间屋子，最多能够容纳一百二十人，却好似有着神奇的魔力，好像台上的人无论说什么，都能把台下的人逗笑。灯光、座位……都安排得恰到好处。

在这里表演的,不仅有像我这种名不见经传的小人物,还有像大山这种家喻户晓的喜剧明星。而我能参加北京的专场,也是因为大山老师的提携。早在2013年,大山老师便开始组织全国巡演,他是当之无愧的中文脱口秀开创者之一。更值得尊敬的是,无论去哪里表演,他都承担自己的所有费用,只与场地提供方共享门票收入。

老书虫书店还让我认识了大名鼎鼎的笑侃美国副总统的黄西老师,以及双语脱口秀组织"幽默小区"的创始人、爱尔兰人毕瀚生和他的北京搭档Tony(托尼周),还有北美崔哥、刘仪伟等等,他们让我更加喜爱老书虫。

第一次去北京表演,我其实是忐忑的,我担心我的笑话只适合上海观众,来了北京会"水土不服"。但真到了老书虫表演之后,我才发现,艺术没有那么多的地域性,恰恰相反,上海人爱听的笑话,北京人更捧场。

北方人好像天生就更爱钻研语言文化，一个爱听语言类节目的南方人，听得最多的通常也是北方人的表演。即便是现在，全国各地的电台、电视台主播或主持人，还是以北方人居多，我想，难道是因为他们的普通话更标准吗？

老书虫不仅给了我舞台，它还给了我"养料"。那天，我问观众："你们觉得上海男人喝不了酒吗？"有个哥们儿大声说："当然是，你没听说过上海男人'半瓶啤酒，一醉方休'吗？"现场一片大笑，连我这个正宗的上海男人也在台上乐不可支。

事后我问他，我以后能不能在我的节目中用上他的这句话，他说这并不是他的原创，我可以随便用。在之后的表演中，只要我提到"有人说上海男人半瓶啤酒，一醉方休"，台下的观众无论是不是上海人，都会开怀大笑。

这也是我第一次从观众中汲取创作的灵感。很可惜，在2019年，因为租约或其他的问题，老书虫被迫关闭,它载着我的回忆,消失在北京街头。

但我,至此算是真正达成了当初许下的四个目标。

把我的糗事说给你听

我有一个个人专场,名字叫作"牵手失败",最早我在上海表演,这一次我准备在重庆讲一下。这个系列专场我讲了五六次,但每次的效果都不尽如人意,中间有一部分,总是让我觉得有点鸡肋,讲起来不太好笑,不讲又有点可惜。在成都表演时,我甚至还漏了一大段,让我即使到了很喜爱的城市重庆,也有点郁郁寡欢,懊恼不已。

我一直很喜欢重庆,来了之后,免不了要去著名的景点爬爬山、打打卡,也许是我那天的心情实在糟糕,连带着身体也疲惫不堪,逛到下午四点多,我就累垮了,回到了演出的休息间。我请工作人员帮我买了点水果,并很霸道地把休息间里的其他人都赶了出去，一个人吃了一堆水果，又闭眼休息了四十分钟，再睁开眼，竟然觉得状态异常的好。

那天的舞台也很棒，灯光的亮度、耳麦的音量、台下观众的距离……都刚刚好，而我，也仿佛是吃了菠菜的大力水手，元气满满。那天的观众更像是吃了"爆笑丸"，我说的每一句话，他们都笑得前仰后合，大概就是这样的氛围，让我兴奋起来，临时在台上就把"牵手失败"中让我纠结的部分略做了改动，效果竟然惊人的好。

我像是一条绝处逢生的鱼，呼吸着创作的氧气，"牵手失败"也因此变得更有趣。再后来，我又来到了澳洲表演，这一次，我带给他们的，是中文版的"牵手失败"。

我在澳洲表演过十几场"牵手失败"，但每一场的观众都不是特别多，中文喜剧在这里也不是很流行。澳洲的华人也分很多种，留学生、刚移民的人，以及已经在此生活了三四十年的老华侨。对老华侨们以及他们在澳洲土生土长的后代来说,我讲的段子离他们的生活真是太遥远了,无论是国内的明星,还是当时的新闻,都已经不是他们所能理解的了。而留学生或者刚移民的人不一样,他们还保留着在国内的习惯,刷抖音、玩微信,哪一个也没有少。

后来我想了一个好主意,利用对比来让观众产生共情。比如我如果说到吴亦凡,我会说,他就像是贾斯汀·比伯(Justin Bieber,加拿大歌手),下面的观众便会露出一副恍然大悟的表情。

澳大利亚和中国还有点不一样,海外的华人可能远离这样的方式太久了,所以每逢观看表演,都能把我的个人表演变成台上台下的互动性群演。我在台上说"我来自上海",下面就有人喊话"听说过",就好像我是逗哏的,而他们,都是捧哏的。

高光时刻

喜剧圈说大不大,说小也不算小,但若有谁比较出挑、出了什么新闻、做了什么大事,大家其实也都是知道的。我们虽然不如明星那样耀眼,但在圈子里,也都是活在雷达下的人,只要坚持住,不会永远默默无闻。

大家知道,我的几个小目标中,有一个就是上电视,不是去参加相亲节目,而是真正在电视上表演喜剧。2019年我实现了这个小目标,Comedy Central 向我抛出了橄榄枝。

我觉得我能这么幸运,也得益于我这几年一直在不断地输出、做表演,让他们看得到。当时,我虽然没有和 Netflix(网飞)合作过,但我了解他们的经营模式,我会去了解他们录专场的目的。比如他们要想推广亚裔演员,就会关注相关的亚裔演员;如果想要推广女性,就会去找一些大牌,诸如 Ellen(Ellen

Degeneres，艾伦·德詹尼丝，美国喜剧演员、电视脱口秀节目主持人，主持代表作《艾伦秀》）等。他们会在这些目标人群中，寻找那些一直有好作品且票房收入不错的人。

Comedy Central能找到我，也是因为我在Facebook、404网站上持续发布自己的作品，他们关注久了，也觉得我还不错。所以当我收到他们的邀请邮件时，内心是狂喜的，同时也觉得这是我长久努力的必然结果。但我要对外表现得荣辱不惊，所以我用平淡的语气回复了邮件：

> 非常感谢您的邀请，我想知道一下确切的时长等，如果各方面都允许的话，我愿意参加这次录制。

在接下来的半年里，我们一直通过邮件、电话进行沟通，把具体的拍摄方法，最终要演讲的内容，确定的时间、地点，都定了下来。我不仅要准备一段单口喜剧表演，还要配合拍摄一些喜剧小片。

2019年10月，我赶到新加坡，参加这次"亚洲喜剧人秀"的录制，一共有十几个演员，都是来自不同国家和地区的亚洲喜剧人，几乎全是最近活跃的亚裔喜剧人。

只用了三四天的时间，我们就完整录制了六期节目，每期节目四十分钟，有两个主讲，每人十分钟，其他的就是一些综艺小节目，诸如快问快答、辩论、宣传片、采访等，穿插在每一期节目中。

录制当天，有个自媒体人采访我。说实话，我对西方的媒体有一点戒心，因为之前有过一次不太好的经历。那是2017年，我去澳门表演，《纽约时报》驻亚洲记者联系上了我，想让我聊一聊亚洲喜剧的发展。我们在电话中聊了三四个小时，我讲了很多，比如我们虽然刚刚起步，但很多人都很努力，我自己也很努力，我们期待在世界喜剧圈拥有一席之地。

后来这个"可爱"的记者断章取义,用一整版报道了一篇名为"你知道吗,在中国讲喜剧这么辛苦"的新闻,我的大幅照片也挂在上面。但事实上,我当时的回答是,全世界都存在这样的问题,而不单单是中国。

所以这一次,我很警惕。这个记者说他是CNN旗下的新媒体,我忍不住说了句"Fake news(假新闻)",他也乐了。接下来,我们的聊天气氛变得轻松,他也逐步问到了几乎所有采访都会问的问题:

Storm,很少有中国人做这个,你觉得压力大吗?

(我:对,但中国现在也逐渐有更多人做这个,我讲中文,也讲英文。而且,压力是每个人都会有的吧,不仅是我们演员。)

那在中国做这个有没有难度?毕竟文化和环境不同。

（我：每个国家都有独特的环境，我们中国也没有什么不同。）

这时候他就停了下来，和我说："Storm，其实我想让你说一些你在中国做喜剧遇到了哪些困难，是不是有想做什么却做不成的时候，最好感情再丰沛一点。我看过你们的一个节目叫《我是歌手》，那里面的选手一哭，就会有好多人同情，你也可以。"

我说，这没什么好说的，每个人都想成功，也都会有挫折，这不足为道。

他不依不饶："Storm，你一定要说啊，你看我们的自媒体，有三四十万的观众，你只要一哭，他们就会同情你，变成你的粉丝，不好吗？"

我也用夸张的语气回他："哇，三四十万观众，真的是太了不起了！你知道吗，在上海，三十万是我们两个小区的人口呢，我一定会出个大名的，太感谢你了！"

再之后,我就把话题引到了这次表演的内容,以及我的喜剧启蒙老师是谁这样的话题上,他也悻悻地结束了这次采访。

除了这个小插曲,其他的都很好。我们这些来自世界各国的喜剧人,不同肤色、不同语言,相同的是,我们都热爱喜剧这种表演形式,也都被人骂过,都遭受过冷场,都失望过,却一直勤勤恳恳地努力着。也是从这个时候,我发现划分人群的绝对不是地域,也不是种族,而是兴趣爱好。

对很多人来说,可能一辈子也和自己的邻居说不上几句话,但通过互联网,我们可能会遇到很多和自己喜欢同一首歌的人,喜欢同一个明星的人,喜欢同一部电影的人……如果有一天你们相遇了,会惊呼——原来你在印度,他在英国,她在西班牙,我在中国,我们竟然都是这样想的!

那次在新加坡,采用的不是现场录制(live),而是工作室录制(studio)的形式,工作室录制有个特点,就是现场观众不多。当天有十二个演员，拍摄的时间大概是从下午三点开始到凌晨三点结束，非常漫长的过程。演员们自然是没有办法离开的，但谁也不能阻止观众离场，于是，到晚上十点左右，就有人陆陆续续离开，座位一点点空出来。

导演组一看，这样不行啊，太影响效果了，于是工作人员顶上，只要手头没有工作的，都去冒充观众。但人越走越多，工作人员已经不能填补空位了，演员也上吧！还没轮到上场的、表演过的，都来串个场吧。

我那天抽签确定的表演时间是凌晨两点，但参加Comedy Central这个信念一直支撑着我。我上台先表演了一段说唱，活跃了一下气氛，台下临时拼凑的观众也非常捧场，给了我还算热烈的掌声。再之后，就是我一个人的表演，我说了近几年的段子精华，整个表演还算流畅。

第二天，所有演员都去了剪辑室，一起去看后期制作的效果。剪辑师是个白人小伙，他看到我就说：

"Storm,你们后面的几个人,观众实在是太少了,笑声有点不够啊,我得穿插一些前面的观众笑声。"

后来我就发现,一个我正在台上表演;另一个我,正在台下嘎嘎地乐。

我就指了指台上的我和台下的我,对小伙子说:"你不觉得这两个人有点奇怪吗?"

他拿下眼镜,看看屏幕再看看我,反复几次,然后恍然大悟:"哦,你说得对,我也觉得他太丑了!"于是他剪掉了台下的我。

我得庆幸,至少避免了一次尴尬的穿帮。

这次高光时刻之后,有人说我是中国的"Comedy Central 第一人",但对我来说,其实过去的终将成为历史,我期望我的高光时刻是在未来。我知道我人生中需要努力的方向还有很多,还有更多的"第一"等着我去实现,成功没有那么容易,不气馁才能走得更远。

后记

私家喜剧课：吐槽也要言之有物

上海有很多全佳超市，我曾经在一个路口的四个角找到五家全佳超市，反正，买东西来全佳就对了。我每次进全佳，最喜欢的是超市入口的欢迎铃声，"噔噔噔噔噔噔噔噔噔"。我想，以后我的葬礼上也要用这个音乐。如果你生活在江浙沪一带，也可以去全佳超市听一听，感受一下。全佳的服务员比较年轻、热情、态度好，不像别的超市，服务员都是本地阿姨，对着我这样的"上帝"都尖酸刻薄，这也是我愿意去全佳的原因之一。

说老阿姨们刻薄，也绝非我信口开河，比如同样是去买杜蕾斯，如果去别的超市，收银员是本地阿姨，她们就会问我："这一盒四个，你用得完吗？"而如果是全佳的姑娘、小伙子，他们只会问我："要加热吗？"老超市的阿姨们，果真是一言难尽啊！

不过，服务太热情了也不好。有天我去全佳，想买瓶水，当时已经是午夜了，店里也没有其他顾客，噔噔噔噔噔噔噔噔噔，我进去了，拿了一瓶水放到收银台，服务员问我："先生您好，您有会员卡吗？"

"没有。"

"您好，加五块钱可以换购饮料，您需要换购吗？"

我内心开始默默吐槽：我已经买了一瓶饮料，我有多渴，需要买两瓶？我的饮料三块五，再加五块，当我是凯子吗？

但我表面平静地说："不要了。"

噔噔噔噔噔噔噔噔噔，我走了。

突然想到，还得买一包纸巾，晚上要看韩剧。

于是，噔噔噔噔噔噔噔噔噔，我又回来了。

拿了纸巾，放到柜台，服务员问我："先生您好，您有会员卡吗？"

我火冒三丈：大哥，还是我！你是失忆了吗？我刚离开不过两秒而已！

但我是个有涵养的人，我没有发火，只是对他说："我有会员卡，刚刚才充了五千块钱，放到了你们的柜台上，我一出门就发现卡不见了，是不是被你捡到了？"

服务员一听就急了："胡说，你刚刚就没有会员卡！"

我说："对，我没有会员卡，希望你以后可以记住，好吗？"

现在各种商店和网站都让人办会员卡，要填一堆信息，不仅需要住址、姓名、电话，有的还要身份证号码，各种验证、识别，我比较排斥这种事情，认为他们轻易就套走了我的各种信息，了解了我的购物习惯，这实在非我所愿，所以能不办的卡我都不办，毕竟，我不想突然有一天收到一条推送——

您好，Storm先生，您关注的小号杜蕾斯到货了！

正是这样的生活，让我有了更多喜剧创作的素材，毕竟喜剧通常都是用生活中的不合理来进行再创作的。

生活中的疑惑、不满、快乐，可以用吐槽来消解！有了情绪，才有了喜剧。这也正是喜剧的精髓所在——用段子来调节人的情绪。

所以我开始以去超市购物为事件原型，创作我的段子。开始时，我只保留了两段收银员问我会员卡的对话，观众也会发笑，但反应不够热烈。我就想，既然我去的是超市，为什么不加上对超市的描写呢？所以我开始"观察"超市，产生"情绪"，加上一点点"技巧"，再"演绎"出喜剧效果来。

当然,我也会照顾一下被我吐槽的对象的情绪,来个先抑后扬,或者先扬后抑,毕竟无论什么人或者什么事,都有两面性,太片面的感受代表不了全部的人,应该给观众更客观的印象。

我还会与其他的超市做对比,用老阿姨们的刻薄来反衬年轻服务员的热情、有朝气,而关于会员卡的两段对话,则是一个神转折。既是意料之中的包袱,又是意料之外的反转。而像"要加热吗"这样的笑话穿插其中,则是在常态中加入一个不合理因素。常去全佳、7-11这种超市的人都知道,我们买了盒饭、面包之类的食物,服务员都会问我们"要加热吗",所以每当这句话出来,观众也能体会到错位的乐趣。

铺垫对喜剧来说,非常重要,而不断地挖掘,也同样重要。

所以我嫁接了买饮料、买纸巾的过程,演绎场景。这时候,我的情绪也到了顶点,是时候用一个反击来收尾了,所以我说了"有会员卡,又丢了"那句话,观众爆笑的同时,也会觉得这个做法好聪明啊,于是我也达到了预期的喜剧效果。

当然,我没有满足于此,我还问自己"他们为什么要让我们办会员卡",我反思这个社会现象,再给自己来个小小的自黑(小号杜蕾斯),那么,一个完整的段子就形成了。

很少有人天生就有喜感,随便讲一句话就很好笑,大多数的喜剧人都是在认真创作自己的作品,不断地打磨、打磨、再打磨,只为能把人逗笑。

喜剧还讲究在合适的场合说合适的话,不是说我们要卑躬屈膝,而是要"阅读"台下观众的情绪,再调动他们的情绪。

我常常问自己:"我这次演出的目的是什么?"

同时我心中也有答案:"哦,这一次是商演,这一次是义演……"但每一次,我都想用观众的笑声来检验我的创作成果,他们的笑,是对我表演的肯定。

喜剧现场一定要观察，也就是我说的"阅读"观众。比如在你之前，有四五个喜剧人都对某一类社会热点讲了自己的看法，而你原本也准备了同类型的段子，在这种情况下，观众的情绪就是一个参考。他们在第一次听的时候，或许会爆笑、兴奋；第二次听，就捧场似的笑一笑；第三次听就麻木了；如果还有第四次、第五次……当我们后面再上台，最好的做法就是放过这些同类的社会话题吧，即使这个话题是那天表演场上最好笑的。

也许有人会迎难而上，但结果，几乎都会死得更惨。

一个篮球明星，如果投球命中率达到了 90%，在观众看来，他已经是百发百中了。喜剧同样如此，如果一个喜剧人能掌控全场，好笑的次数比别人更多，那么他就已经是一个成功的喜剧人了，大家说起他，都会觉得他很好笑。所以想做喜剧的人，一定要花功夫在节奏控制、段子打磨上，日积月累，才能有爆笑的效果。

喜剧人还应该把自己当作"社会观察家",要关注世界的方方面面,拓宽自己的视野,随时充实自己。喜剧人还可以是"流行带动者",带动人们对社会现象的讨论,为观众提供全新的角度,无论这个角度是不是被大家认可,但能做到不人云亦云,就已经成功了一半,这也是喜剧人的职责。

我们不是影视演员,但"台上一分钟,台下十年功"的道理同样适用于我们,所以谦虚地学习,也是成功的必要条件。

现在,我也在做一些喜剧培训课程,用我十年的喜剧经验给那些渴望从事喜剧或者单纯对喜剧感兴趣的人一点入门指导。或许几年之后,他们会有了不起的成就,比我走得更高、更远,希望那时,他们的江湖中也有我 Storm 的传说。

延伸阅读

《不必交谈的时刻》

她正在过着的,是所有人向往的生活

作者:樊小纯
出版时间:2020.12

《逆流顺流》

见证中国第一代电视人的热爱和情怀

作者:薛宝海
出版时间:2020.9